AF536011

BERND HESSE
JÖRG PETZEL

E.T.A. HOFFMANN
EIN LEBENSBILD IN ANEKDOTEN

EULENSPIEGEL
VERLAG

INHALT

GELEITWORT

»Anekdotenerzähler gleichen den Hausierern, die fremde Ware feilbieten, ohne von der Kunst, sie zu bereiten, auch nur das Mindeste zu verstehen.« E.T.A. HOFFMANN, FLÜCHTIGE BEMERKUNGEN UND GEDANKEN ÜBER MANCHERLEI GEGENSTÄNDE

E.T.A. Hoffmann war ein großer Freund, Erzähler und Leser von Anekdoten, die sich zahlreich in seinem Gesamtwerk finden. Sein Freund Julius Eduard Hitzig erwähnte in seiner Hoffmann-Biografie dessen Vorliebe vor allem für schnell vorgetragene Anekdoten. Darin druckte Hitzig auch Auszüge aus Hoffmanns später verschollenem *Notatenbuch,* darunter den folgenden: »Eine Frau, die in der Todesnot dem Manne gesteht, dass sie ihm untreu gewesen. Darauf der Mann: ein Vertrauen ist des andern wert; eben weil du mir untreu gewesen, darum stirbst du an dem Gift, das du von mir bekommen.«

1809 notierte Hoffmann in seinem Schreibkalender eine Anekdote, die Friedrich den Großen und Calderón zusammenführt, und bemerkte dazu: »Es müsste spaßhaft sein, Anekdoten zu erfinden und ihnen den Anstrich höchster Authentizität durch Zitaten usw. zu geben, die durch Zusammenstellung von Personen, die Jahrhunderte auseinander lebten, oder ganz heterogener Vorfälle gleich sich als gelogen auswiesen.«

Von dem Spaß an Anekdoten haben sich auch die Autoren dieses Buches anstiften lassen. Allerdings springen wir nicht über die Jahrhunderte, sondern bleiben in den 46 Lebensjahren E.T.A. Hoffmanns. Wir erfinden auch nichts. Wir folgen den Stationen und Ereignissen seines Lebens, greifen auf Briefe und Tagebücher zurück, nehmen den ein oder anderen der eingesponnenen autobiografischen Fäden aus seinen Erzählungen und Romanen auf, sind in den Aussagen und Erinnerungen seiner Freunde, Bekannten, Kollegen fündig geworden. Aus solchen Quellen speisen sich unsere anekdotisch aufbereiteten Texte. Sie entwerfen ein Lebens- und Charakterbild des Schriftstellers, Komponisten, Zeichners und Juristen – und wollen unterhalten.

Bernd Hesse und Jörg Petzel

JUGENDJAHRE IN KÖNIGSBERG 1776–1796

»Meine Jugendzeit gleicht einer dürren Heide ohne Blüten und Blumen, Geist und Gemüt erschlaffend im trostlosen Einerlei!« AUS DEN »LEBENSANSICHTEN DES KATERS MURR«

»Ich komme eben von einer kleinen Fete, zu der man mich geladen hatte. Da war ich geschwätzig – altklug bei den Alten, religiös bei den Religiösen, galant bei den Damen – und im Grunde so einsam, als wär ich in eine Einöde versetzt gewesen …« BRIEF AN THEODOR GOTTLIEB VON HIPPEL, 1. MÄRZ 1795

HAUSMUSIK

Mit Freunden und Verwandten gibt der Onkel ein Hauskonzert. Ernst Theodor Wilhelm, »ins Sonntagsröckchen geknöpft«, wird auf einem hohen Kinderstuhl platziert. Ein älterer Advokat in pflaumfarbenem Rock erscheint, packt seine Geige aus, hängt seine Perücke an den Nagel, tritt ans Notenpult, setzt mit Inbrunst ein … Er hält den Takt nicht, das Kind hört die Dissonanzen. Als der Geiger vor den anderen ans Ende kommt, guckt er böse und schneidet Grimassen. Das Kind beobachtet die Musiker und amüsiert sich. – Dann singt die Tante eine Arie. Freude und Wehmut ziehen in die kleine Seele, Ernst muss weinen. – Die Tante spricht vom musikalischen Gefühl des Kindes, der Onkel vom dummen Jungen. Er schilt den Neffen einen »unmusikalischen Hund«.

IM DOERFFERSCHEN HAUS

Als sich Christoph Ludwig Hoffmann, Anwalt am preußischen Hofgericht in Königsberg und ein lebenslustiger Mann, von seiner menschenscheuen, oft schwermütigen Frau trennte, zog Anna Lovisa Hoffmann mit dem jüngsten Sohn zurück in ihr Elternhaus, wo ihre unverheirateten Schwestern und der Bruder Otto Wilhelm Doerffer lebten. Gegen seinen frommen Onkel, der wegen Unfähigkeit im Dienst früh, jedoch mit dem Titel eines Justizrats pensioniert worden war und sich ein Leben in Müßiggang leistete, begehrte der aufgeweckte Neffe Ernst alsbald auf.

Einen seelenverwandten Freund fand Hoffmann in einem Jungen aus der Nachbarschaft, dem ebenfalls bei einem Onkel aufwachsenden Theodor Gottlieb von Hippel. Beide besuchten die Burgschule in Königsberg, wo sich Hoffmann, klein von Gestalt und mit stechend blickenden Augen, vor den Mitschülern zu behaupten suchte, indem er den Witzbold gab. Mit Hippel aber verbrachte er unbeschwerte gemeinsame Zeit bei Tisch und Spiel. Die Mutter, so erinnerte sich der Freund später, bekam er während der gut zehn Jahre, die er im Doerfferschen Haus verkehrte, wohl drei-, viermal zu Gesicht. Einzig die heitere, geistreiche und musikalisch begabte Tante Johanna kümmerte sich liebevoll um den Jungen, »ja sie verzog ihn eigentlich«.

Der Onkel war mit sich selbst beschäftigt und interessierte sich wenig für den Neffen, solange der ihn nicht störte in seinem Tagesablauf, den Hippel einmal beschrieb als »diätetisch geordnete Vegetation, die in Schlafen, Essen und Trinken, wieder Schlafen und wieder Essen und daneben in etwas Lektüre und Musik zur Verdauung, nach Stunden und Minuten eingeteilt, bestand«. Mit zunehmendem Alter verstand Hoffmann es, die »Schwächen des Onkels zum eigenen Vorteil zu benutzen«, setzte ihm mit Streichen zu und machte den Hausherrn, den er verächtlich den »O-weh-Onkel« nannte, zur Zielscheibe seines Spottes.

ALLES GEREGELT

Im pedantisch geregelten Wochenablauf des Onkels war der Mittwoch für auswärtige Besuche vorgesehen. Befreit von der alles bestimmenden Gegenwart des Onkels – selbst die Schlafkammer teilte er mit ihm! –, konnte Hoffmann sich dem widmen, was ihm auf der Seele brannte: der Musik, dem Zeichnen, der Lektüre. Und es kam noch besser. Als die Schule dem Onkel gewisse Rückstände seines Neffen im Griechischen und Lateinischen meldete, ordnete er Nachhilfestunden durch den Schulkameraden Hippel an. Cicero und Xenophon lagen nur kurz auf dem Arbeitstisch und mussten Zeichenpapier und -stift weichen. Die Wissbegier der Jungen richtete sich auch auf den Bücherschrank des Onkels, in dem jene Werke standen, die in keiner guten Bürgerstube fehlen durften. Sie verschlangen Rousseaus *Bekenntnisse,* amüsierten sich über *Tristram Shandy,* lasen Shakespeare, der ihnen neue Spottnamen für den Onkel – der »dicke Sir«, »Sir Ott« – eingab, schmökerten in Johann Christian Wieglebs *Die natürliche Magie,* ein Buch, das Hoffmann viele Jahre seines Lebens begleitete. Und dann waren da noch die beliebten Ritterromane, deren Helden die Jungen beim Spiel im Garten Leben einhauchten. Verkleidet als stolze Ritter, verwandelten sie die Bahn einer Stachelbeerhecke in eine mittelalterliche Turnierstrecke. Die Spiele fanden erst ein Ende, als Hoffmann, wie Hippel berichtet, »von der Lanze des Gegners – einer tüchtigen Bohnenstange – stark beschädigt rücklings niedergerannt war«.

DICHTUNG UND WAHRHEIT

In den *Lebensansichten des Katers Murr* lässt Hoffmann den Kapellmeister Johannes Kreisler über die Lektüre der Rousseauschen *Bekenntnisse* berichten: »Gleich elektrischen Schlägen traf mich die Erzählung, wie der Knabe Rousseau, von dem mächtigen Geist seiner innern Musik getrieben, sonst aber ohne alle Kenntnis der Harmonik, des Kontrapunkts, aller praktischen Hilfsmittel, sich entschließt, eine Oper zu komponieren, wie er die Vorhänge des Zimmers herablässt, wie er sich aufs Bette wirft, um sich ganz der Inspiration seiner Einbildungskraft hinzugeben, wie ihm nun sein Werk aufgeht, gleich einem herrlichen Traum! – Ich kam dahin, es meinem Vorbilde nachmachen zu wollen. Als nämlich an einem stürmischen Herbstabend der Oheim wider seine Gewohnheit das Haus verlassen, ließ ich sofort die Vorhänge herab und warf mich auf des Oheims Bette, um, wie Rousseau, eine Oper im Geiste zu empfangen. So vortrefflich aber die Anstalten waren, so sehr ich mich abmühte, den dichterischen Geist hinanzulocken, doch blieb er in störrischem Eigensinn davon! ... Mich weckten laute Stimmen, indem ein unerträglicher Geruch mir in die Nase fuhr und den Atem versetzte! Das ganze Zimmer war von dickem Rauch erfüllt, und in dem Gewölk stand der Oheim und trat die Reste der flammenden Gardine, die den Kleiderschrank verbarg, nieder und rief: ›Wasser her – Wasser her!‹, bis der alte Diener Wasser in reichlicher Fülle herbeibrachte, über den Boden ausgoss und so das Feuer löschte. Der Rauch zog langsam durch die Fenster. ›Wo ist nur der Unglücksvogel?‹, fragte der Oheim, indem er im Zimmer umherleuchtete. Ich wusste wohl, welchen Vogel er meinte, und blieb mäuschenstill im Bette, bis der Oheim hinantrat und mir mit einem zornigen: ›Will Er wohl gleich heraus!‹ auf die Beine half. ›Steckt mir der Bösewicht das Haus über dem Kopfe an!‹, fuhr der Onkel fort. – Ich versicherte auf weiteres Befragen ganz ruhig, dass ich auf dieselbe Weise wie der Knabe Rousseau nach dem Inhalt seiner ›Bekenntnisse‹ es getan, eine Opera seria im Bett komponiert hätte, und dass ich durchaus gar nicht wisse, wie der Brand entstanden. ›Rousseau? Komponiert? Opera seria? – Pinsel!‹ So stotterte der Oheim vor Zorn und teilte mir die kräftige Ohrfeige zu ...«

EIN ANDERER NACHBARSJUNGE

Den obersten Stock des Doerfferschen Hauses bewohnten Zacharias Werner und seine Mutter. Meist hänselten die Freunde Hippel und Hoffmann den um etliche Jahre älteren Werner, der stets düster blickte und in höheren Sphären zu wandeln schien. Schaudernd aber horchten sie, wenn die geisteskranke Mutter jammerte und klagte. Jahre später starb sie in dem Wahn, der Welt den Messias geboren zu haben. – Werner ignorierte die Knaben. Zum Glück, denn bekanntlich trifft man sich immer zweimal im Leben. Als sich das bewahrheitete, war Werner bereits ein erfolgreicher Dramatiker.

HOCH HINAUS

Die Jugendzeit Hoffmanns war auch die Zeit, in der die Ballonfahrer die Lüfte eroberten. Kein Wunder, dass in Hoffmann und Hippel der Traum vom Fliegen erwachte. Die kühnen Aeronauten planten den Bau eines Wasserstoffballons und fanden in der Tante eine Verbündete, die den Jungen einen Ballon aus eng gewebtem Taft nähte. Die Spannung am Tag des vorgesehenen Himmelsflugs stieg. Eine Apparatur zur Herstellung des Wasserstoffs mittels Salzsäure war aufgebaut und das Gas strömte langsam in den Ballon. Als ein paar Tropfen der Säure auf die Ballonhaut fielen, zerplatzte der Traum vom Fliegen.

TIEF HINAB

Im jugendlichen Alter von vierzehn Jahren weckte die unmittelbare Nachbarschaft das Interesse der beiden Jungen mehr als alles andere: Direkt an die Gartenmauer grenzte ein Fräuleinstift. Die Heranwachsenden überlegten, wie sie in die Nähe der schönen Damen gelangen und sie beobachten könnten. Sie fanden eine Lösung! Einen unterirdischen Gang wollten sie graben, der sie ans ersehnte Ziel brächte. Sie legten ihn so an, dass der Einstieg durch die Bepflanzung des Gartens gut verdeckt war, und trieben den Gang im Schweiße ihres Angesichts Stück für Stück voran. Ihr munteres Tun fand ein jähes Ende, als Hoffmanns Onkel durch den Garten schlenderte und den schon beträchtlich ausgebauten Tunnel ausmachte. Auf seine verblüffte Frage, was dieses beachtliche Loch denn solle, erfand Hoffmann aus dem Stegreif die Geschichte einer besonderen amerikanischen Pflanze, deren Wurzelwerk die Grube aufnehmen solle. Offensichtlich mochte der Onkel einer solchen Pflanze keinen Platz in seinem Garten einräumen. Er beauftragte zwei Arbeiter, den Gang wieder aufzufüllen, die Erde zu verdichten und den Garten in den ursprünglichen Zustand zu versetzen.

HANS IM GLÜCK

Hoffmann verwandte viel Fleiß und Mühe auf zwei Gemälde mit Motiven aus der französischen Geschichte. Freund Hippel war in das Vorhaben eingeweiht, die Gemälde zum Kauf anzubieten. Der junge Maler versprach sich davon nicht nur eine Aufbesserung seiner Finanzen, sondern auch größere Bekanntheit. Was Hoffmann dem Freund jedoch nicht offenbarte: Er wollte die Bilder dessen Onkel, dem Geheimen Kriegsrat und Stadtpräsidenten Theodor Gottlieb von Hippel – einem Schriftsteller, Kant-Freund, Kunstkenner und Besitzer einer beachtlichen Gemäldesammlung – anbieten. Hoffmann schickte einen Bediensteten mit den Bildern und einem kurzen, anonymen Billett zum Haus des Onkels: »Mit zwei Gemälden aus der französischen Geschichte. Durch Boten.« Der Geheime Rat war angetan von den Kunstwerken und ließ durch den Boten ausrichten, er wünsche den unbekannten Künstler kennenzulernen. Voller Freude machte sich Hoffmann auf den Weg, wurde sogleich erkannt und äußerst höflich empfangen. Es fielen lobende Worte über die Gemälde, ein angeregtes Gespräch über die Malerei entspann sich, der »rechte Punkt« aber, wie Hoffmann bestürzt wahrnahm, der Kauf, wurde nicht berührt. Als der Onkel die beiden Bilder als Geschenke bezeichnete, über die er sich außerordentlich freue, brachte der junge Maler kein Wort mehr über die Lippen. Missmutig verließ er das Anwesen – ohne Bilder und ohne Geld.

QUOD ERAT DEMONSTRANDUM!

Wieder einmal bereitete sich der biedere Onkel auf einen Kirchgang vor, denn »Frömmigkeit und Andacht« herrschten zum Unbehagen des jungen Hoffmann mit »goldenem Zepter« im Doerfferschen Haus. Um »recht anständig« zu erscheinen, wusch der Onkel tags zuvor seine schwarze Hose und hängte sie zum Trocknen aus dem Fenster. Er war gerade außer Hauses, als ein Regen niederging. Der Neffe, den Schalk im Nacken, kam auf eine Idee: »Kaum sah ich die durchnässten Hosen, als ich den unwiderstehlichen Trieb fühle, dem Platzregen ein wenig zu Hülfe zu kommen, ich leerte also 5 Gießkannen und 3 volle pots de chambre [Nachttöpfe] auf die unglücklichen Hosen aus, welches alles sich sehr schön einzog und sie dermaßen schwer machte, dass der Bindfaden, an dem sie hingen, sie kaum zu halten vermochte. – Als Sir Ott nach Hause kam, war der erste Gang zu seinen Hosen … Des Abends klagte er sein Unglück der ganzen Familie und bemerkte zugleich, dass mit dem Platzregen hässliche Teile und verderbende Dünste heruntergefallen wären, die totalen Misswuchs verursachen würden, denn der Eimer Wasser, den er seinen Hosen ausgepresst, hätte ganz bestialisch gestunken, worüber denn, als eine Landplage, die ganze Familie seufzte, ausgenommen die Tante, welche lächelte und versteckt äußerte, dass der Gestank wohl aus der Auflösung gewisser angetrockneter Teile – – – entstanden sein könnte. Ich gehörte zu der Partei, die die Landplage annahmen, und bewies, dass, wenn die Wolken hellgrün aussähen, es immer so wäre.«

ERSTE LIEBE

Nicht die Wonnen, wohl aber die Qualen der ersten Liebe durchlebte der sechzehnjährige Hoffmann, als Amalie, ein Mädchen seines Alters, das die französisch-reformierte Mädchenschule besuchte, seinen Avancen eine Abfuhr erteilte. Wenn sie die Schule verließ, versuchte er, rein zufällig ihren Weg zu kreuzen und sie freundlich zu grüßen. Des Abends schlich er zu ihrer Wohnung, um durchs Fenster des erleuchteten Zimmers einen Blick auf die Angebetete zu erhaschen. Hippel, um die Nöte des verliebten Freundes wissend, bemerkte, dass Hoffmann, wenn er zeichnete, »keinen weiblichen Kopf mehr malte, ohne ihr Bild zu malen«. Er war sich zugleich sicher, dass er »nie ein Wort mit ihr gewechselt« hatte. Fast zur Verzweiflung getrieben, verriet Hoffmann dem Freund, wie er aus der Misere finden könne: »Da ich sie einmal nicht durch die Annehmlichkeit meines Äußern interessieren kann, so wollt ich, dass ich ein Ausbund von Hässlichkeit wäre, damit sie mich wenigstens ansähe.« Er gefiel sich außerordentlich darin, dieses Bild auszuschmücken.

»WAS SIND DAS FÜR MENSCHEN!«

Als Hippel nach dem Abschluss seines Jurastudiums Königsberg verließ, fühlte sich Hoffmann einsam. Er vermisste den einzigen Vertrauten seiner Kinder- und Jugendjahre, in »dessen Brust« er die »gleichen Gefühle, in dessen Kopf« er die »gleichen Regungen«, die ihn bewegten, »ausgespäht« hatte. Die Familie verstand die Tiefe dieser Freundschaft nicht, der lapidare Kommentar lautete, dass er sich einen neuen Freund suchen solle.

Auf Unverständnis und Ignoranz stieß er in der Familie auch mit seinen vielfältigen künstlerischen Bestrebungen. Resigniert schrieb er: »Wenn es mir gelänge, was ich will, so würden manche das ungewöhnlich nennen, davon sprechen mag ich gar nicht, weil man mir ins Gesicht lacht. – Überhaupt – weiß Gott, welches Ungefähr, oder vielmehr, welch eine sonderbare Laune des Schicksals mich in dies Haus her versetzte. Schwarz und weiß kann unmöglich entgegengesetzter sein als ich und meine Familie – Gott, was sind das für Menschen!«

GROSSE GEFÜHLE

Der Tradition seiner Familie folgend, nahm Hoffmann ein Jurastudium in Königsberg auf, ein Brotstudium, das ihn künftig finanziell absichern sollte. »Das Studieren geht langsam und traurig – ich muss mich zwingen, ein Jurist zu werden«, klagte er, und ebenso, dass er ohne sein Pianoforte verzweifeln würde. Nebenher nahm er Zeichen- und Musikunterricht. Der Vater hielt den Wechsel zum Unterhalt schmal, weswegen Hoffmann sich ein zusätzliches Einkommen als Musiklehrer verdiente. Er verliebte sich »bis zum Unsinn« in seine bildhübsche Gesangs- und Klavierschülerin Dora Hatt, die verheiratet, Mutter von fünf Kindern und neun Jahre älter war als er. In jungen Jahren an einen doppelt so alten Kaufmann verheiratet, fühlte sie sich unglücklich in ihrer Ehe und suchte Trost und Erfüllung in der Musik. Während der Zeit dieser Beziehung wurde Dora Hatt ein sechstes Kind geboren, was in Königsberg reichlich beklatscht und betratscht wurde. Hoffmann litt und bekannte: »Ich liebe sie und bin unglücklich, weil ich sie nicht besitzen kann, weil in dem süßesten Genuss der Liebe ich qualvoll daran erinnert werde, dass sie nicht mein sein kann«, weil sie »das Weib eines andern – eines Menschen, der, ohne die Kostbarkeit zu genießen, die er besitzt, sie nur ängstlich bewacht.«

VERSCHOLLENE ROMANE

Hoffmann trat nach dem Jurastudium eine Stelle als Auskultator am Königsberger Obergericht an. »Die Wochentage bin ich Jurist und höchstens etwas Musiker, sonntags am Tage wird gezeichnet, und abends bin ich ein sehr witziger Autor bis in die späte Nacht ...« Emsig arbeitete er an einem auf drei Bände angelegten Roman *Cornaro. Memoiren des Grafen Julius von S. Geschrieben in den Frühlingsmonden des Jahres 1795.* Die fertiggestellten Seiten schickte er regelmäßig dem Freund, um seine Meinung zu erbitten, und hatte selbst einen Ratschlag parat: »Wenn Du missvergnügt bist, so fang nur an, einen Roman zu schreiben, das ist gute Medizin.« Der erste Roman wurde vom Verleger zurückgewiesen, möglicherweise weil der Verfasser seine Anonymität gewahrt sehen wollte. Thema dieses Romans, wie auch des folgenden Werkes *Der Geheimnisvolle,* soll die Existenz von Geheimbünden gewesen sein. Beide Romane blieben in der Schublade und sind im Verlauf der Zeit verschollen.

HOFFMANNS TRÄUMEREIEN

»Das Landleben an der Seite eines Freundes«, schrieb Hoffmann an Hippel, »hat für mich einen mächtigen Reiz – Mein Klavier müsste mit – mein Malkasten und einige ausgewählte Bücher ebenfalls.« Die künstlerischen

»Erzeugnisse«, die er in solchen »glücklichen Stunden« hervorzubringen gedachte, versetzten ihn in Hochstimmung, die Aktenlektüre brachte ihn täglich auf den nüchternen Boden der Amtsstube zurück. Zornig schrieb er: »Wenn ich von mir selbst abhinge, würde ich Komponist und hätte die Hoffnung, in meinem Fache groß zu werden, da ich in dem jetzigen gewählten ewig ein Stümper bleiben werde.«

HINTERLISTIGES

Im März 1796 teilte Hoffmann dem Freund mit, dass seine Mutter gestorben sei. »Der Tod hat bei uns auf eine so schreckliche Art seine Visite gemacht, dass ich das Grausenvolle seiner despotischen Majestät mit Schaudern gefühlt habe.«

Im selben Brief schickte er auch Auszüge aus dem Roman *Der Geheimnisvolle.* Dass die Post von offizieller Stelle »beschnüffelt oder gar gelesen« wurde, war nicht auszuschließen. Mit grimmigem Humor setzte Hoffmann ans Ende des Briefes den Passus: »Und Sie, Herr Akziseinspektor oder inquisitor privatus, werden finden, dass nichts gegen die Religion, den Staat, öffentliche und Privatruhe darin enthalten ist, und wenn Sie sich die Mühe geben wollen, den Brief ganz durchzulesen, so werden sie ferner finden, dass man am Abend des Tages, an dessen Morgen man seine Mutter tot findet, nichts Hinterlistiges im Schilde führen kann!«

KÖNIGSBERG, ADE

Die Affäre mit Dora Hatt war zum Stadtgespräch in Königsberg geworden, Gerüchte um ein Duell zwischen Hoffmann und dem Gemahl der Geliebten machten die Runde. Nun trat der Familienrat zusammen und kam überein, dass sich der inzwischen Zwanzigjährige nach Glogau zu verfügen habe, wo sein Onkel Johann Ludwig Doerffer, Rat am Obergericht, für sein berufliches Fortkommen sorgen werde. Diese Aussicht linderte Hoffmanns Trennungsschmerz nicht: »Sie zu verlieren – – – dieser Gedanke drückt mich zu Boden. Und ich zweifle, dass ich auf Schlesiens Gebirgen freier atmen werde!«

1804, bei einem seiner seltenen Besuche in der Heimatstadt, erfuhr er aus dem Munde der Tochter Dora Hatts – »ein junges, blühendes Mädchen, schön wie Correggios Magdalena, gewachsen wie die Grazien der Angelika Kauffmann« –, dass die Geliebte gestorben war. »Ich bin sonderbar bewegt«, schrieb er am Abend in sein Tagebuch.

GLOGAU
BERLIN
POSEN
1796–1802

»So wie die Sonne steigt, wird meine Außenseite von ihr erwärmt, und ich bin brauchbar. Solange die Sonne oder sonst ein Licht scheint, des Abends falle ich in eine Geistesohnmacht, und meine Fantasie passt sehr sorgfältig auf meine Augenlider auf, um, sobald sie nippen, mir mit grellen Farben alles Unangenehme, was mir je widerfuhr, zu wiederholen …« BRIEF AN THEODOR GOTTLIEB VON HIPPEL, 17. SEPTEMBER 1796

NACHTSTÜCKE, NACHTGESTALTEN

Hoffmann wurde an die Oberamtsregierung nach Glogau versetzt und kam im Haus seines Onkels Johann Ludwig Doerffer unter. In Briefen an Hippel schüttete er sein Herz aus über das ungeliebte Leben als »Aktenmensch« und über »das Gefühl der unausfüllbaren Leere, das Losgerissensein von der Kette«, die ihn »an Freunde und Seligkeit band«.

Als er sich eines Nachts in der Kammer wieder daran machte, dem Freund zu schreiben, hinderte ihn zum einen der Cousin, in f-Moll schnarchend, zum anderen eine Maus, die an seinen Pantoffeln nagte. Er warf mit einer Bürste, mit einer Sandbüchse und weiteren Gegenständen nach dem Tier, das sich davon nur wenig beeindruckt zeigte. Während sich der Boden der Kammer mit allerlei Dingen füllte, nagte die Kanaille unbeirrt weiter. Bis es Hoffmann schien, er könne nichts Gescheites mehr denken, keine Zeile mehr zu Papier bringen! Sein entnervter Blick wanderte zur mörderischsten aller im Zimmer befindlichen Waffen, einem dicken Schmöker, dem Landrecht mit schlesischen Edikten. Was, wenn nicht dieses Teil, wäre geeignet, dem nagenden Wesen den Garaus zu machen? Er griff das todbringende Instrument, zielte sorgfältig und warf. Einzig das Buch zog sich Blessuren zu.

DIE FESSELN DER LIEBE

Johann Ludwig Doerffer war Vater zweier Töchter. »Meine Cousinen sind sehr gebildete Mädchen, die zweite hat eine äußerst interessante Figur ... das Gesicht weder hübsch noch hässlich«, so Hoffmann. Bald verlobte er sich mit seiner Cousine Wilhelmine Doerffer, genannt Minna. In Erinnerung an seine alte Liebe schrieb er seinem Freunde Hippel: »Ich bin so gut gefesselt als ehemals – aber diesmal ist's ein Mädchen.«

DER MALER UND SEIN GEHILFE

Als die Jesuiterkirche in Glogau renoviert wurde, kam Hoffmann auf »den exzentrischen Einfall zu helfen«, auch wenn ihm das »wahrscheinlich juristischerseits übelgenommen werde!« Mit der Ausmalung war der Maler Aloys Molinary beauftragt worden. Der in Italien ausgebildete Künstler beherrschte nicht nur die »lebhafteste Miniaturmalerei«, sondern er wurde später auch zu einem begehrten Porträtmaler am Zarenhof. Hoffmann lernte bei ihm die Finessen der Wandmalerei – und er war fasziniert von der ambivalenten Persönlichkeit eines Menschen, »der im Vorüberfluge Rosenblätter in die Lüfte streut« und zugleich dämonische Züge hatte, wenn er bissig über andere höhnte und »aus den sonst so schönen Augen oft eine gewisse boshafte

Schadenfreude hervorstrahlte«. Hoffmann verbrachte viele Abende mit Molinary, der seiner »Fantasie neuen Schwung« gab. Ob sich ihre Wege noch einmal kreuzten, nachdem der Maler Glogau verlassen hatte, ist nicht bekannt. Zwanzig Jahre nach dieser Begegnung zeichnete Hoffmann in seinem Nachtstück *Die Jesuiterkirche in G.* den zwischen Realität und Illusion schwankenden Maler Berthold mit Zügen Molinarys.

SCHNEEBÄLLE UND PFERDEÄPFEL

1798 erhielt das Städtchen Glogau prominenten Zuzug: die Gräfin Wilhelmine von Lichtenau, Mätresse und Vertraute des gerade verstorbenen Königs Friedrich Wilhelm II., mit dem sie sechs Kinder hatte. Sie begab sich keineswegs freiwillig an diesen Ort. Der junge König räumte auf mit der Mätressenwirtschaft seines Vaters, ließ wegen Hochverrats und Unterschlagung gegen die Gräfin ermitteln, ihr Vermögen konfiszieren und die ihm zutiefst verhasste Frau nach Glogau, die »Festung zweiten Ranges im Königreich Preußen, Provinz Schlesien«, verbannen. Dem Kommandanten und dem Militär der Festung war befohlen, sich artig gegen sie zu verhalten. Die Lichtenau machte sich mit den städtischen Honoratioren bekannt, kam auch des Öfteren ins Haus des Onkels und veranlasste Hoffmann zu den bewundernden Worten: »Wie viel Bildung – wie viel Verstand – wie viel Ungezogenheit – das Weib ist eine wahre Vexierdose, wo ganz was anders herauskommt, als man erwartete. Der glimmende Docht von dieser ausgelöschten Fackel kann hier in Glogau noch etwas entzünden.« Vom Volksmund einst »die schöne Wilhelmine« genannt, entzündete sich jetzt allerdings vor allem die Häme des Volkes an ihr. Hoffmann missfiel sehr, wie man sich die Hälse nach der Gräfin verrenkte und die Mäuler über sie zerriss. Sobald sie in die Kutsche steigen wollte, wurde sie von Straßenjungen mit Schneebällen beworfen. Da war Schlimmeres zu befürchten, und Hoffmann schrieb: »Wenn der liebe Gott nicht mehr Schnee giebt, ... dass wenn nicht die Polizei als vermittelnde Macht sich darin legt, sie sich gewisser glühender Kugeln bedienen werden, die aus gewissen Formen gegossen immer auf den Straßen zu liegen pflegen.«

NACH BERLIN!

Mit seiner juristischen Laufbahn gehe es »sehr pianissimo«, notierte Hoffmann, auch sei er in Glogau »Sklave unseliger Kleinheiten«. Doch dann kam es fortissimo! Der Onkel, zum Geheimen Obertribunalsrat befördert, wurde nach Berlin versetzt. Gerade hatte Hoffmann sein zweites juristisches Examen mit dem Prädikat »überall ausnehmend gut« bestanden. Mit einem Probe-Referat wies er nach, dass er »zu dem nachgesuchten Posten eines Referendarii vollkommen qualifiziert« sei – und bekam eine Stelle am Kammergericht in Berlin. Er nahm versöhnt Abschied von dem Nest, »dessen Einsamkeit«, wie er sinnierte, ihm »vielleicht aber hin und wieder heilsam gewesen« war.

AUFGEFÜLLTE REISEKASSE

Bevor Hoffmann mit der Familie des Onkels nach Berlin zog, unternahm er eine Reise ins Riesengebirge. Geld dafür hatte er keines. Ein Freund der Familie, Oberamtsregierungsrat Jagwitz, der einer seiner Prüfer im Examen gewesen war und Gefallen an dem redegewandten Prüfling gefunden hatte, war bereit, die Reisekosten zu übernehmen. Der Weg der beiden Reisegefährten trennte sich, als sich der Geldbeutel des frisch Examinierten gefüllt hatte. Hoffmann hatte noch andere Pläne, wollte auch nach Dresden, um die Gemälde der alten Meister zu sehen. Woher kam der plötzliche Geldsegen? Wahrscheinlich hatte er in Warmbrunn am Spieltisch gewonnen. – In den *Serapions-Brüdern* könnte eine Erklärung gefunden werden. Dort behauptet er, sein Begleiter habe ihn zum Spiel angestiftet. Ob da so viel Anstiftung nötig war, mag fraglich sein, da immer wieder Vermutungen geäußert wurden, dass Hoffmann die Spielleidenschaft nicht ganz fremd war. In der Erzählung *Spielerglück* zeigt er ein erstaunliches Einfühlungsvermögen in die Psyche eines Spielers.

Sein früherer Reisebegleiter Jagwitz war wieder zur Stelle, als Hoffmann Jahre später zur Kur noch einmal in Warmbrunn weilte, dem Ort, der für seine gute Luft, aber auch für seine Spielbank bekannt war.

WEG MIT DEN FARBEN

Die Ablenkungen in Berlin waren für einen wachen Geist riesig. Hoffmann nahm sich vor, das dritte Staatsexamen nach einem halben Jahr abzulegen, brauchte dann aber zwei Jahre. Als er in Berlin ankam, bewunderte er die in der Königlichen Akademie ausgestellten Gemälde von Hackert, lobte Rehbergs Darstellungen und Wolfs getuschte Zeichnung der letzten Szene aus Schillers *Räubern*. Noch unter dem Eindruck der italienischen Meister stehend, die er in Dresden gesehen hatte, empfand er seine eigenen Arbeiten als dilettantisch und beschloss, seine Farben wegzuwerfen, das Zeichnen neu zu erlernen und mit Skizzen zu beginnen.

EIN WIRKLICH GROSSER GEIST

In Berlin lernte Hoffmann den nur wenige Jahre jüngeren Franz Ignaz von Holbein kennen, der später zum bekannten Bühnendichter und Theaterdirektor avancierte, damals jedoch seinen Unterhalt mit Gesang, Gitarrenspiel und als Schauspieler mit dem Künstlernamen Fontano in kleineren Rollen bestritt. Sie freundeten sich an, musizierten und malten gemeinsam und führten physikalische Experimente durch – auch mit Apparaturen, die dazu dienten, Geister herbeizurufen. Als sie sich so weit gekommen glaubten, vor Gästen

Geistererscheinungen produzieren zu können, bauten sie die aufwändige Apparatur im Gesellschaftszimmer des Onkels auf. Die Gäste harrten mit Spannung der angekündigten Geistererscheinung, allein der Geist ließ auf sich warten. So schnell waren die beiden Geisterseher nicht zu entmutigen. Und siehe da, als die Séance ein Misserfolg zu werden drohte, ließ sich ganz unerwartet ein wirklich großer Geist melden. Der Schriftsteller Jean Paul war gekommen, um seine Braut vorzustellen. Die beiden Geisterbeschwörer rafften die Apparatur zusammen und verstauten sie schnell in Hoffmanns Zimmer, heilfroh darüber, dass der Zufall ihnen mit einem so herrlichen Geiste ausgeholfen hatte.

TEUFELSFUSS

In Briefen an seine Freunde pflegte Hoffmann kleine Teufelchen an den Rand zu malen, wenn er spürte, dass Themen umschifft wurden oder er Gefahren für die Freunde sah. Saß er mit ihnen zusammen, spielte er in solchen Situationen plötzlich den hinkenden Teufel.

Als Holbein sein Engagement am Hoftheater in Berlin kündigte und die Stadt verließ, begleitete ihn sein treuer Freund Hoffmann zur Kutsche. Dort erspähte er die junge, reizende und nicht unvermögende Schauspielerin Philippine Bessel und vermutete in ihr die Reisebegleiterin Holbeins. Sofort fing er an, in teufelsgleicher Art zu hinken, und warf dem Freunde ein lachend-übermütig schallendes »Buon viaggo« nach.

ZUM TEUFEL NOCH MAL

Holbein alias Fontano arbeitete mittlerweile als Privatsekretär der nach Glogau verbannten Wilhelmine von Lichtenau. Mittels Eingaben beim König erlangte er nicht nur die Freigabe eines Teils ihres Vermögens, sondern verliebte sich auch in die sechsundzwanzig Jahre ältere Gräfin und Gönnerin. Hoffmann, nach seiner dritten Staatsprüfung inzwischen als Gerichtsassessor zur südpreußischen Regierung nach Posen versetzt, geißelte in einem Brief an Holbein das »Schäferleben« des Freundes auf das Schärfste und zeichnete sich selbst als hinkenden Teufel an den Briefrand.

Die Freundschaft erkaltete angesichts seiner andauernden sarkastischen Bemerkungen über das Verhältnis zur Gräfin.

Als die schöne Wilhelmine ihrem Sekretär eröffnete, mit ihm das Leben teilen zu wollen, sah der Umworbene kurz das Bild des teuflisch hinkenden Freundes mit drohend erhobener Hand vor sich. Es half jedoch nichts und hinderte ihn nicht daran, vor den Traualtar zu treten. Viel später, Jahrzehnte nach gescheiterter kurzer Ehe mit der Gräfin, räumte Holbein in seinen Lebenserinnerungen ein, wie recht der Freund mit seinen Ermahnungen hatte, doch Besseres mit sich anzufangen, »als sich den Launen der ehemaligen Geliebten des Königs zu opfern«.

SKANDAL

General von Zastrow war Gastgeber eines Maskenballs für die Offiziere des in Posen stationierten Regiments, zu dem auch die höheren Verwaltungsbeamten nebst Gemahlinnen geladen waren. Im Saal tauchten zwei als Bilderkrämer verkleidete Männer auf und verteilten Karikaturen an die Ballgäste. Die Unarten der gezeichneten Personen waren so trefflich festgehalten, dass jeder sofort erkannte, um wen es sich handelte. Der Spaß an den Zeichnungen hielt jedoch nur so lange an, bis man mitbekam, dass die Gäste Blätter über jeweils andere Gäste in den Händen hielten. Als der General sich selbst auf einer Karikatur erkannte, war Schluss mit lustig. »Greift die Bilderhändler!« Diese waren längst verschwunden und in anderer Maskerade wieder aufgetaucht, um das Geschehen vergnügt zu beobachten. Die Übeltäter waren nicht dingfest zu machen, aber die Obrigkeit war sich schnell einig, dass eine Gruppe junger Regierungsbeamter hinter dieser Aktion steckte und dass nur eine Person zur Zeichnung solcher kunstfertigen Karikaturen in der Lage war: Gerichtsassessor Hoffmann. Die Beschwerde nebst den inkriminierenden Karikaturen, die General von Zastrow an Friedrich Wilhelm III. sandte, wurde in Berlin eher belächelt, blieb aber für den jungen Juristen nicht folgenlos. Obwohl ihm die Mitwirkung am Posener Karikaturenskandal nicht nachzuweisen war, erfolgte gleichzeitig mit der Beförderung Hoffmanns zum Regierungsrat seine Strafversetzung ins abgelegene Płock an der Weichsel.

In Posen hatte sich Hoffmann in Michaelina Rorer, genannt Mischa, Tochter eines polnischen Stadtschreibers, verliebt. Er löste die Verlobung mit seiner Cousine Minna und heiratete Mischa, als er der Stadt den Rücken kehrte.

Was immer ihm in Erinnerung blieb an seinen zweijährigen Aufenthalt in Posen, dazuzuzählen sind gewiss »manch angenehme Stunde«, die er in einem Klub geselliger und trinkfester Freunde verbrachte, die erstmalige Aufführung einer eigenen Komposition und die »polnische Kost, schwer verdaulich für den deutschen Magen«.

PŁOCK **WARSCHAU** BERLIN 1802–1808

»Ein Kampf von Gefühlen, Vorsätzen pp, die sich geradezu widersprachen, tobte schon seit Monaten in meinem Innern, ich wollte mich betäuben – und wurde das, was Schuldirektoren, Prediger, Onkel und Tanten liederlich nennen. – Du weißt, dass Ausschweifungen allemal ihr höchstes Ziel erreichen, wenn man sie aus Grundsatz begeht, und das war denn bei mir der Fall.« BRIEF AN THEODOR GOTTLIEB VON HIPPEL, 25. JANUAR 1803

ZUM HEULEN

Im Mai 1802 traf Hoffmann in der Weichselstadt Płock ein. Sein Umgang beschränkte sich auf wenige preußische Offiziere, zweimal die Woche nur kam die Post – ein Ort, »wo jede Freude erstirbt, wo ich lebendig begraben bin«. Er fühlte sich wie im Exil. Der frisch verheiratete Regierungsrat absolvierte sein Arbeitspensum, wie seine stets lobenden Dienstzeugnisse belegen, komponierte Kirchenmusik, Klaviersonaten und zeichnete Karikaturen seiner Umgebung. Auch sein erster gedruckter Zeitschriftenbeitrag, *Schreiben eines Klostergeistlichen,* entstand dort. Bei den Norbertiner-Nonnen hörte Hoffmann eine Messe – »die Musik war brillant gesetzt – sie heulten aber wie die Uhus«.

»EINE GANZ FAULE EINRICHTUNG«

Hoffmann begann Tagebuch zu schreiben – »wie ich's mir schon so lange vorgenommen hatte, wirklich ein reguläres Tagebuch«. Das erste einzutragende Ereignis war der Tod des Onkels, des Obertribunalsrats in Berlin. In Tränen brach Hoffmann nicht aus, aber er sinnierte: »Wenig Freude hatte der alte Mann doch im Leben – er hat sich offenbar zu Tode referiert – das war die Belohnung für langjährige Dienste. – Oh, das Justizfach hat eine ganz faule Einrichtung: je älter man wird, desto mehr Arbeit.« Und seine Gedanken gingen zu dem Onkel in Königsberg: »Warum musste gerade der Onkel in B. sterben, warum nicht lieber – – – – – – – – – – der ältere Bruder – einsam – verlassen, ein Hagestolz, an dessen Dasein nichts hängt, der in keinem Fache etwas leistet, der sich ennuyiert, sowie er morgens aufsteht, bis er punkto neun Uhr abends wieder schlafen geht … Wäre er gestorben, so hätt' ich ihn wahrscheinlich beerbt, und vielleicht hätte ich denn nicht den lyrischen Traum des wirksamen freien Künstlerlebens realisieren können. Ich hätte das unerträgliche Joch abgeschüttelt und wäre nach meinem Eden gezogen!«

SELBSTBEFRAGUNG

In der Beamtenlaufbahn versinken oder ganz den künstlerischen Bestrebungen nachgehen – die Frage geisterte durch Hoffmanns Kopf und durch sein Tagebuch: Mal beantwortete er sie mit Galgenhumor: »Ob ich wohl zum Maler oder zum Musiker geboren wurde? – Ich muss die Frage dem Präsidenten B. vorlegen oder mich bei dem Großkanzler darnach erkundigen, die werden's wissen …« Mal beklagte er sich: »O weh! – ich werde immer mehr zum Regierungsrat … Die Muse entflieht – der Aktenstaub macht die Aussicht finster und trübe!« Und mal schien alles glasklar: »Mich zum erstenmal gedruckt gesehen im *Freimütigen* – habe das Blatt zwanzigmal mit süßen liebevollen Blicken der Vaterfreude angesehen – – frohe Aspekten zur literarischen Laufbahn! – Jetzt muss was Witziges gemacht werden!«

IN DER GROSSEN STADT

Hoffmann setzte alle Hebel in Bewegung, um aus seinem Exil in Płock erlöst zu werden. Im Frühjahr 1804 erfolgte dank der Bemühungen von Berliner Freunden seine Versetzung an die südpreußische Regierung in Warschau. Übermütig notierte er: »Eine bunte Welt! Zu geräuschvoll – zu toll – zu wild – alles durcheinander. – Wo nehme ich Muße her, um zu schreiben – zu zeichnen – zu komponieren! – Der König sollte mir Lazienki einräumen, *da* muss es sich ganz gut leben lassen!«

NACHTMENSCHEN

Hoffmann fand in Warschau bald freundschaftlichen Kontakt zu Künstlern und Kollegen, darunter der Assessor Julius Eduard Itzig (der sich ab 1809 Hitzig nannte). Er wurde ein enger Freund und Vertrauter, der Hoffmann auf die Werke von Tieck, Novalis, Brentano und anderer romantischer Dichter hinwies, die er bis dahin nicht gelesen hatte.

Hitzig und Hoffmann lebten in unmittelbarer Nachbarschaft, die Wohnhäuser grenzten aneinander. Beide pflegten bis tief in die Nacht hinein zu arbeiten – bis Hoffmann ein verabredetes Signal auf einem großen »Flügelfortepiano« gab, das in seiner Stube stand. Dann wurden die Fenster geöffnet, und Hoffmann fantasierte auf dem Flügel für den Freund, bis der Morgen graute.

BANGPUTTIS

Auch Zacharias Werner, der Hausgenosse aus Königsberg, lebte zu dieser Zeit als Beamter in Warschau und hatte sich als Dramatiker einen Namen gemacht. Hoffmann schätzte sein Drama *Die Söhne des Thals* sehr und ließ sich gern zur Mitarbeit an Werners neuem Stück *Das Kreuz an der Ostsee* animieren. Die Titelvignette und zwei Kompositionen als Musikbeilagen Hoffmanns finden sich 1806 in der Erstausgabe ohne Namensnennung. – Anlässlich einer feierlich zelebrierten Lesung aus dem *Kreuz an der Ostsee* im Freundeskreis verblüffte Werner seine Zuhörer durch absonderliches Gesichterschneiden und den seltsamen Gottesanruf der alten Preußen an der Ostsee: »Bangputtis – Bangputtis – Bangputtis.« Nach einer kleinen Pause wandte sich Hoffmann an den weihevoll gestimmten Werner: »Hast du dein ganzes liebes Poem in dieser verfluchten Sprache abgefasst, so versteht keiner von uns den Teufel was davon, und bitte, du wolltest nur lieber gleich mit der Übersetzung anfangen!«

EINE UNKOMPONIERTE SONATE

Hoffmann empfand seine Warschauer Zeit als »angenehmes künstlerisches Leben«. Er malte und komponierte und habe durch »vieles Zeichnen nach der Natur aus dem Stegreif eine recht fertige Faust« bekommen.

»Gestern am Himmelfahrtstage wollte ich mir etwas zugute tun, warf die Akten weg und setzte mich ans Klavier, um eine Sonate zu komponieren«, teilte er Hippel mit. Dazu kam es nicht. Drei Mehlweiber, die unter seinem Fenster Handel trieben, ein Karrenschieber, die Glocken der Pfarrkirche, bellende Hunde in der Nachbarschaft und gar ein Militäraufzug mit Janitscharenmusik – bei solchem Lärm war keine Sonate zu komponieren.

GLÜCKLICHE TAGE

Zur Geburt seiner Tochter Cäcilie im Juli 1805 komponierte Hoffmann eine große Messe, die er in Płock begonnen hatte und in Warschau vollendete und hier auch aufführte. Im Kreise von Musikfreunden nahm er an der Gründung der »Musikalischen Gesellschaft« teil, wurde ihr Vizepräsident, Bibliothekar und Sekretär und brachte – erstmals als Dirigent – Gluck, Haydn, Mozart, Beethoven zur Aufführung. Die Konzerte fanden in einem wunderbaren Saal statt, denn die Gesellschaft hatte das renovierungsbedürftige Palais Mniszech erworben. Hoffmann plante nicht nur die Anlage und Gestaltung der Räume, sondern legte selbst Hand an. Er entwarf Wandfresken für den Konzertsaal, warf sich eine Malerjacke über und bestieg das Gerüst. Wenn er mit Pinsel und Farbtöpfen hantierte, hatte er »eine Flasche Ungar- oder italienischen Wein zur Seite« und trank den Freunden, die ihn zahlreich besuchten und sich »von unten hinauf« mit ihm unterhielten, vom Malergerüst herab fröhlich zu.

NAPOLEON IN WARSCHAU

Die glücklichen Tage in Warschau endeten bald. Nach der schweren Niederlage Preußens in der Schlacht bei Jena und Auerstedt am 14. Oktober 1806 hielt Napoleon Einzug in Berlin. Der preußische König Friedrich Wilhelm III. floh mit Familie und Hofstaat nach Ostpreußen. Im November marschierten die napoleonischen Truppen in Warschau ein. Die preußischen Regierungsbeamten waren mit einem Schlag ihre Ämter los, so auch Hoffmann. Die französischen Behörden stellten die in Warschau verbliebenen Beamten vor die Alternative, einen Huldigungseid auf Napoleon zu leisten, der sich weiter auf dem Vormarsch befand, oder stellungslos die Stadt zu verlassen. Hoffmann, für den dies bedeutete, den König zu verraten, der ihn in Amt und Würden gesetzt hatte, oder mittellos zu werden ohne Aussicht auf baldige Besserung seiner Lage, verweigerte den Treueeid auf den neuen Herrscher.

FLÖTE UND FAGOTT

Die preußische Regierung war im Namen des französischen Kaisers aufgelöst worden, der Warschauer Freundeskreis zerstreute sich nach und nach in alle Winde. Hitzig ging nach Berlin und wurde Buchhändler und Verleger. Hoffmann blieb zunächst in der Stadt und zog, als in seiner Wohnung französische Offiziere einquartiert wurden, mit Frau und Tochter in eine Dachkammer des Mniszech-Palais. Die Enge des neuen Quartiers störte ihn nicht, konnte er doch die Bibliothek des Musikvereins nutzen und sein Fortepiano aufstellen. Als die Verhältnisse immer unsicherer wurden und ihm die Mittel ausgingen, schickte er seine Familie nach Posen zu den Eltern seiner Frau und bereitete seinen Umzug nach Berlin vor.

Noch in Warschau befiel Hoffmann ein starkes Nervenfieber. In den Fieberfantasien verwechselte er seine noch in der Stadt verbliebenen und über seinen Zustand wachenden Freunde mit Musikinstrumenten: »Heute hat mir wieder die Flöte arg zugesetzt … den ganzen Nachmittag hat mich das unleidliche Fagott gequält.«

IM »GOLDENEN ADLER«

Hoffmann hatte sich entschieden. Er wollte die Musik zu seinem Beruf machen. Er suchte keine neue Stellung im Staatsdienst, er wollte als Künstler in Berlin Fuß fassen. Seine Ankunft im Juni 1807 stand unter keinem guten Stern. Im Gasthof »Zum Goldenen Adler« logierend, wurde er Opfer einer dreisten Tat: Ein Dieb durchsägte die Hinterwand des Sekretärs und entwendete seine letzte Barschaft. – Hoffmann machte später den »Goldenen Adler« zum Schauplatz seiner Erzählung *Die Abenteuer der Silvesternacht.*

DIE PECHSTRÄHNE HÄLT AN

Was Hoffmann auch unternahm, um ein Auskommen zu haben, nichts glückte. Er fand keinen Käufer für seine Zeichnungen, kein Theater und keinen Verleger für seine Kompositionen. Er schuf eine Sammlung »grotesker Gestalten nach Darstellungen auf dem Königlichen Nationaltheater«, die Mappe ging verloren. Er zeichnete Entwürfe für Werners Drama *Attila,* den Auftrag erhielt ein anderer. Er schrieb Artikel für eine Wiener Theaterzeitschrift, die Zeitschrift ging ein, noch bevor ein Artikel Hoffmanns erschien. Er knüpfte dank Hitzigs Vermittlung Kontakte in den Salons, doch weder die angesehenen Männer des Dichterkreises »Nordsternbund« wie Varnhagen von Ense und Chamisso, noch Nationaltheaterdirektor Iffland, noch Sing-Akademiedirektor Zelter unterstützten den jungen, unbekannten Künstler. Er sandte Bittbriefe an die Behörden.

An Hippel schrieb er: »Du weißt, dass ich kein Vermögen, sondern nur Talente habe, die mich erhalten können; diese Talente aber hier, in dem menschenleeren, geldarmen Berlin wuchern zu lassen, ist kaum möglich.« Der selbstlose Freund half finanziell, so gut er konnte. Später urteilte er in braver und biederer Art, Berlin habe Hoffmann seiner »Häuslichkeit entwöhnt«, er habe gelernt, »eine Sache auf nichts zu stellen, nur von einem Tag auf den andern zu leben, sich selbst durch Luftschlösser täuschen und großem Leichtsinn ergeben«.

EINE ANZEIGE IN DER ZEITUNG

In einem Brief vom August 1807 bat Hoffmann seinen Freund Hitzig um Durchsicht und Weitersendung eines Stellengesuchs im *Reichsanzeiger.* Dem Brief legte er einen Anzeigentext bei:

»Jemand, der in dem theoretischen und praktischen Theil der Musick völlig erfahren ist, selbst bedeutende Compositionen, die mit Beyfall aufgenommen wurden, geliefert und bis jetzt einer wichtigen Musikalischen Anstalt als Direktor vorgestanden hat, wünscht, da er seinen Posten durch den Krieg verlohr, bey irgend einem Theater oder einer PrivatCapelle als Direktor angestellt zu werden. Er ist mit der Anordnung der Dekorationen und des Costüms vertraut, kennt überhaupt das Theaterwesen in seinem ganzen Umfange, spricht außer dem teutschen das französische und italiänische, und ist überhaupt nicht allein künstlerisch sondern auch litterarisch ausgebildet, er würde allso auch mit Erfolg der Regie eines Theaters vorstehen können. Jede nähere Verbindung wird leicht zum Nachweis der gerühmten Talente führen, und um diese anzuknüpfen, wendet man sich in postfreyen Briefen an den R. R. Hrn. Hoffmann in Berlin, Friedrichsstraße No. 179.«

Nach vielen vergeblichen Bewerbungen brachte diese Anzeige endlich den ersehnten Erfolg. Hoffmann erhielt die Zusage zu seiner Berufung als Kapellmeister ans Bamberger Theater zum Herbst 1808.

ANGEBLICHE GELIEBTE

Aus Posen traf die Nachricht über die schwere Erkrankung von Ehefrau Mischa und den Tod der Tochter Cäcilie ein. Hoffmann selber litt immer wieder unter Anfällen von Nervenfieber. Laut den Erinnerungen des Publizisten und Holzstechers Friedrich Gubitz hatte Hoffmann zu dieser Zeit eine Affäre mit der kinderlosen Gattin eines preußischen Beamten, in deren Haus er sich heimisch fühlte. Die Behauptung des Hoffmann nicht wohlgesonnenen Gubitz, dass der Beziehung ein gemeinsamer Sohn entsprungen sei, ist jedoch frei erfunden.

HUNGERKÜNSTLER

Im Jahr 1808 befand sich Hoffmann in höchster Not. Bis zum Antritt der Stelle in Bamberg lagen noch Monate – Hungermonate – vor ihm. Manchmal aß er tagelang nur trocken Brot, »dessen jetziger Preis für Arme unerschwinglich und das zuweilen gar nicht zu haben ist«. – Einmal bat ihn im Tiergarten ein Bettler um ein Almosen. Hoffmann meinte sarkastisch, dass ein Bettler den anderen angesprochen habe, und resümierte: »Mit Talenten mancherlei Art zu darben ist vernichtend!«

KÜNSTLERSEELE

Während es Hoffmann nicht gelang, eine seiner Kompositionen in Berlin zur Aufführung zu bringen, sollte Zacharias Werner nun auf die Bühne des preußischen Nationaltheaters kommen. Iffland schätzte und überschätzte den sich selbst als neuen Schiller gerierenden Dramatiker – und mochte ihn trotzdem nicht. Das war Hoffmann eine Nachricht an Hippel wert. »Über seinen schmutzigen Geiz, der doch in keiner Künstlerseele wohnen sollte, hat Iffland neulich eine charakteristische Anekdote debitiert. Als *Die Weihe der Kraft* in Berlin aufgeführt werden soll, erhält Werner bloß für die Mitteilung des Manuskripts, welches er gleich darauf drucken ließ, aus der Theaterkasse 500 Taler in Talerstücken – gewiss ein ungeheuer großes Honorar. Im Begriff, sie einzustreichen, neigt er sich, bitter-süß lächelnd, zu Iffland und flüstert: ›Hätte doch gedacht, im Golde, mein Herr Direktor!‹ – Iffland drückte sich sehr pittoresk aus, indem er sagte: ›Immer nur sehe ich, wenn ich mit Werner über seine Werke für unser Theater spreche, die Goldfaust hervorragen!‹ Wie eine Teufelspfote.«

BAMBERG **DRESDEN** LEIPZIG 1808–1814

»Noch nie haben sich so auf Geist und Gemüt wirkende Unannehmlichkeiten zusammengedrängt.« TAGEBUCH, 12. SEPTEMBER 1812

»Ist es in Bamberg des Guten zu wenig, so ist es in Leipzig beinah des Guten zu viel.« BRIEF AN FRIEDRICH SPEYER, 13. JULI 1813

BAMBERGER MUSIKLEBEN

Im September trat Hoffmann seine neue Stelle in Bamberg an. Zu seiner Enttäuschung war der Theaterumbau noch nicht beendet und das Orchester musste erst noch zusammengestellt werden. Der neue Musikdirektor geriet in Konflikt mit dem Ersten Konzertmeister, der mit den Orchestermitgliedern befreundet war. Die erste von Hoffmann dirigierte Oper wurde ein Misserfolg: »Das zahlreich versammelte Publikum … stutzte, als ein so winzig kleiner Mann … vor den Flügel sich niedersetzte. Was kann der – Großes leisten? dachte die Masse. Und vor den Flügel setzt er sich? Wo steckt denn die Violine? So fragte wieder die Menge, die es nie anders gewohnt war, als ihren Musikdirektor mit der Geige in der Hand zu sehn …« Nach Schluss der Vorstellung bekundete das Publikum durch Zischen sein Missfallen. Hoffmann konnte es nicht ertragen, seinen Wert als Musiker so wenig erkannt zu sehen. Er legte die Orchesterleitung nieder und behielt – bei geringerem Gehalt – den Titel eines Musikdirektors. Ernüchtert schrieb er an Hitzig, dass er seinen »Enthusiasmus für die wahre Kunst« aufgegeben habe und nurmehr »die etwa vorkommenden Gelegenheitsstücke, z. B. Märsche und Chöre in Schauspielen u. dgl.« komponiere, wofür er »monatlich 30 fl. erhalten« solle, »aber nicht erhalte, weil die Theaterkasse bei der grenzenlosen Unordnung des Direktors fortwährend in den erbärmlichsten Umständen« sei.

DAS LOCH IN DER DECKE

In Bamberg wechselte das Ehepaar Hoffmann nach wenigen Wochen noch einmal die Wohnung und zog in ein Haus am Theaterplatz, heute Schillerplatz. In der recht beschränkten Behausung lief das Leben friedlich und behaglich, nur über den Lärm auf dem Platze beschwerte sich Hoffmann gelegentlich und insbesondere dann, wenn in der Nachbarschaft musiziert wurde. Dann fühlte er sich in der Arbeit gestört und »warf mehr als einmal die Feder an die Wand«. Das Haus gehörte dem pensionierten Hofmusikus Kaspar Warmuth. Der bewohnte das Erdgeschoss und pflegte netten Umgang mit den Mietern des Obergeschosses, zu dem auch eine Dachkammer gehörte. Hoffmann hatte sie zu seiner Schlafstube gemacht. Der Hauswirt wäre auch durchaus bereit gewesen, eine eigenartige Einrichtung beseitigen zu lassen, eine Art Luftloch, das sich in der Decke zwischen Wohnung und Schlafkammer befand. Dagegen aber verwahrte sich Hoffmann. Nicht nur, dass er sich gern mit seiner Frau, während sie der Hausarbeit nachging, durch dieses Loch unterhielt, mal ließ er ein langes Handtuch herunter, mal warf er ein paar Schuhe in die Wohnung – kurz, das Loch in der Decke verlockte ihn zu allerhand Narreteien.

SCHULDENFREI DURCH RÜHRUNG

Als das Theater der Tochter des in Bamberg residierenden Herzogs von Bayern anlässlich ihres Namenstages huldigen wollte, fiel Hoffmann die zweifelhafte Ehre zu, die Verse für die Feierlichkeiten zu verfassen. An Hitzig berichtete er: »Ich warf so ein recht gemein sentimentales Ding zusammen, komponierte ebensolche empfindsame Musik dazu – es wurde gegeben – Lichter – Hörner – Echos – Berge – Flüsse – Brücken – Bäume – eingeschnittene Namen – Blumen – Kränze nicht gespart. Es gefiel ungemein, und ich erhielt mit sehr gnädigen Ausdrücken von der Prinzessin Mutter für die verschaffte Rührung 20 Carolin, die gerade hinreichten, mich hier so ziemlich auf reinen Fuß zu setzen.«

EIN UNTERHALTSAMER MUSIKLEHRER

Durch die Reduzierung seines Gehalts sah sich Hoffmann genötigt, Musik- und Gesangsunterricht in vermögenden Häusern Bambergs zu erteilen, so auch im Hause der Konsulin Mark. Dort fasste er zu seiner dreizehnjährigen Schülerin Julia Mark eine leidenschaftliche Zuneigung, die erst mit der Vermählung der Angebeteten ein Ende fand. Hoffmann war auch in anderen vornehmen Familien als Musiklehrer stets willkommen, würzte er doch mit seinem Witz und Einfallsreichtum die Unterhaltungen. So bemerkte die Oberhofmeisterin der Kronprinzessin von Bayern, Frau von Redwitz, »man sollte Hoffmann, außer dem Honorar für die Lektion, eben so viel für seine belebende Unterhaltung zahlen«.

RITTER GLUCK

Eine weitere Einnahmequelle tat sich auf, als Hoffmann Anfang des Jahres 1809 die kleine Erzählung *Ritter Gluck* – ein Reflex auf die schlechten Opernaufführungen in Berlin – einer Zeitung anbot. Die nahm den Beitrag nicht nur an, sondern lud Hoffmann auch zur Mitarbeit ein. »Was meine artistisch-literarische Laufbahn betrifft, so ist darin ein nicht unbedeutender Schritt dadurch geschehen, dass ich von der Redaktion der *Musikalischen Zeitung* in Leipzig feierlich auf- und angenommen bin …« Hoffmann, der sich zu dieser Zeit als weit entfernt von »jeder schriftstellerischen Eitelkeit« einschätzte, begann als Rezensent und Musikkritiker seine literarische Laufbahn.

AUCH KEIN BAMBERGER

Im März 1809 machte Hoffmann die Bekanntschaft des Kaufmanns und Weinhändlers Carl Friedrich Kunz, der vier Jahre darauf sein erster Verleger wurde. »Nach den von mir vorgebrachten Höflichkeitsredensarten«, so erinnerte sich Kunz, »begann er endlich freundlich: Sie sind auch kein Bamberger, wie ich höre, – freut mich sehr, – herrliche Gegend, – viel Leute, wenig Menschen – etc. und auf meine Einladung ließ er sich neben mir nieder.« Dieses erste Treffen endete im Haus des Weinhändlers – das außer dem Weinkeller auch dessen große Leihbibliothek im ersten Stock beherbergte – mit einem sublimen Glas Chambertin. Hoffmann hatte eine Vorliebe für teure Burgunderweine, und fortan zechte er häufig in gemütlichster Weise mit Kunz, im Weinkeller auf einem Fass reitend. »Höchst selten übernahm sich Hoffmann, so viel er auch trank bei diesen Gelagen«, versicherte Kunz, »nie bemerkte ich an ihm einen Rausch, der ihn seiner Vernunft beraubt hätte; im Gegenteil, er hasste die Menschen, die bloß ihrer Zunge zu Gefallen bis zur Sinnlosigkeit zechten, eben so sehr als solche Fresser, die, um gehörig zu verdauen, den Wein hinuntergießen.«

Zum Komponieren animierte sich Hoffmann mit Weinflaschen, die er mit Röckchen, Hütchen und grotesken Gestalten drapierte.

SELBSTTHERAPIE

Hoffmann litt hin und wieder an heftigen Magenkrämpfen. Er ließ dann nach dem Arzt rufen. Erschien der, stimmte er jedoch keinem seiner Behandlungsvorschläge zu und bestand darauf, sich nach eigener Vorgehensweise selbst zu kurieren. Er trank in kurzen Abständen ziemliche Portionen Cognac, Rum oder Arak.

Selten geschah es, dass die Krämpfe länger als einen Tag anhielten. Sein Arzt und Freund Doktor Speyer warnte ihn vor dieser Kur, die leicht eine Entzündung des Magens herbeiführen könne, doch vergebens! Hoffmann fertigte ihn immer mit dem Beispiel Friedrichs des Großen ab, dem man den starken Kaffeegenuss als Gift geschildert habe und der dennoch ein hohes Alter erreicht habe.

KUNST IST VERGÄNGLICH

An den Abenden aber fanden der Arzt Speyer und sein störrischer Patient Hoffmann höchst einvernehmlich am Stammtisch des Wirtshauses »Zur Rose« zusammen. In der geselligen Runde entlud sich Hoffmanns sprühender Witz nicht nur in Worten, sondern auch in Karikaturen, die er flink aufs Blatt warf oder auch mit Kreide auf den Kneipentisch zeichnete. Hatten die Gäste den Heimweg angetreten, war es an dem Kellner, die kleinen Kunstwerke mit dem Schwamm wegzuwischen.

ESEL AM TISCH

Stießen miesepetrige oder überhebliche Gäste zur Stammtischrunde, hatte Hoffmann seine eigenen Methoden, sie zu vertreiben. Laut – und vernehmlich auch für den, der seinen Widerwillen erregte – fragte er einen seiner vertrauten Tischnachbarn: »Was halten Sie von Dummheit? *Ich* habe einen wahren Narren daran gefressen!« Half das nicht, legte er nach: »Glauben Sie, dass an einem friedlichen Tische, wo geniale und joviale Menschen Platz haben, auch sehr eklige, schale und oberflächliche Platz haben?« Verstand die gemeinte Person immer noch nicht, dass sie sich davonscheren sollte, schalt er sie schlicht einen »Esel«, der hier nichts zu suchen habe.

SINGTEUFEL

Den Weinhändler Kunz und Hoffmann verband auch die Liebe zur Musik und die gemeinsame Verehrung Mozarts. Unerbittlich allerdings zeigte sich Hoffmann, wenn sich in seinem Freund der »Singteufel« regte. Als er einmal Mozart-Arien zum Besten gab und trotz der Bitte, damit aufzuhören, weitersang, brachte ihn Hoffmann zum Schweigen, indem er ihm ein volles Glas Wasser ins Gesicht schüttete. Kunz wiederum beklagte sich über Hoffmanns Gesangskünste, wenn er sich am Klavier selbst begleitete und »durch Wein exaltiert – auf das Instrument so gewaltig loshämmerte, dass man jeden Augenblick das Springen der Saiten befürchtete. Sang er aber gar ein Duett mit einer Dame, die ihn interessierte, so bedurfte es alles Zusammennehmens von Seiten des Zuhörers, um nicht in lautes Gelächter auszubrechen über die der Dame zugeworfenen schmelzenden Blicke oder aber über die verzückten, dem Himmel zugekehrten Augen, den süß gespitzten Mund.«

MAN MUSS ES NUR SEHEN KÖNNEN!

Am Abendtisch beim Glas Wein oder Punsch konnte es passieren, dass Hoffmann seinen treuen Trinkkumpan Kunz in mystische Welten entführte: »Entschuldigen Sie, Teuerster, dass ich in die Rede falle. Aber bemerken Sie denn nicht dort in der Ecke rechter Hand den kleinen, ganz verfluchten Knirps, wie er sich unter die Dielen hervorhaspelt? Sehen Sie doch, was der Teufelskerl für Kapriolen macht! – Sehen Sie – sehen Sie – jetzt ist er weg! O genieren Sie sich doch nicht, liebenswürdiger Däumling, bleiben Sie gefälligst bei uns, – hören Sie unsern überaus gemütlichen Gesprächen gütigst zu. – Ach, da sind Sie ja wieder.«

H&H

Als im April 1810 eine Schauspieltruppe in Bamberg gastierte, traf Hoffmann auf einen alten Bekannten. Franz von Holbein, der einstige Gitarrenvirtuose und Schauspieler »Fontano«, war der Schauspieldirektor ebenjener Truppe. Da sich in Bamberg die Theaterverhältnisse gerade neu gestalteten, trug man Holbein die Leitung der Bühne an.

Ein Glücksfall für Hoffmann, der nun dank Holbein frische Theaterluft als Dramaturg, Komponist, Regisseur und Theatermaler atmen konnte. Sie brachten Calderón,

Shakespeare, Kleist auf die Bühne, fanden als Librettist und Komponist der Oper *Aurora* zusammen – und am Stammtisch in der »Rose« auch! –, bis Holbein Bamberg im Sommer 1812 wieder verließ.

JÄGERLATEIN

Zusammen mit Kunz und einem Förster ging Hoffmann auch einige Male auf die Jagd. Seine Schießkünste waren selten von Erfolg gekrönt. Der Förster, dem daran lag, dass Hoffmann von diesem Jagdtage in heiterer Stimmung als sonst nach Bamberg zurückkehrte, traf alle Vorbereitungen, ihm so viel Wild wie möglich vor die Flinte zu führen. Und schon kam ein Reh pfeilschnell durch das Gebüsch, Hoffmann drückte ab, und bald darauf erscholl der Ruf des Försters: »Das Reh ist getroffen, Herr Hoffmann!«

Ein anderer Jäger erhob heftigen Einspruch. Hoffmann schrie ihn wütend an: »Sie wollen mir mein Reh streitig machen, das ich so gut aufs Korn hatte, dass ich es sogleich auf meinen Schuss stürzen sah …«

Doch der Förster, der eigentliche Schütze, schritt schnell ein, gratulierte Hoffmann zum erfolgreichen Abschuss und schmückte ihn mit Eichenlaub. Mit großem Wohlbehagen und höchst zufrieden ließ Hoffmann diese Zeremonie geschehen und nickte mehrmals dankend mit dem Kopfe.

RUHM

Im Juli 1810 veröffentlichte die *Allgemeine Musikalische Zeitung* eine epochemachende Rezension Hoffmanns über Beethovens fünfte Symphonie, die wie ein Paukenschlag in die bisherige Beethoven-Kritik traf. Bis dahin verwandten die Kritiker zu Beethovens Kompositionen negativ besetzte Stereotype wie »eigensinnig«, »regelwidrig«, »zu lang«, »zerrissen« und »willkürlich«. Hoffmann hingegen stellte schon in seinem ersten Satz klar, dass man es hier mit einem der »wichtigsten Werke des Meisters« zu tun habe, »dem als Instrumentalkomponisten jetzt wohl keiner den ersten Rang bestreiten wird«.

Hoffmann schilderte den überwältigenden Eindruck der Musik: »Beethovens Instrumentalmusik öffnet uns das Reich des Ungeheuren und Unermesslichen. Glühende Strahlen schießen durch dieses Reiches tiefe Nacht …, die alles in uns vernichtet, nur nicht den Schmerz der unendlichen Sehnsucht!«

Damit schrieb Hoffmann Musikgeschichte. Beethovens Musik erwecke »jene unendliche Sehnsucht, welche das Wesen der Romantik ist«. Er gelangte zu dem Schluss, dass Beethoven, der bis dahin als der Komponist galt, der die Wiener Klassik zu ihrer höchsten Entwicklung geführt hatte, ein romantischer Komponist sei, und analysierte Beethovens Symphonie detailliert. Komponisten wie Schumann und Berlioz schlossen sich bald der Wertung Hoffmanns an und erklärten Beethoven zum Wegbereiter der romantischen symphonischen Musik.

Beethoven war über die Rezension und ihre Wirkung außer sich vor Freude, erfuhr eine Welle der Wertschätzung und notierte in einem Brief: »... manchmal mögte ich bald Toll werden über meinen unverdienten Ruhm ...«

IM ZWIST MIT JEAN PAUL

Im Kunzschen Haus verkehrten Gelehrte, Schauspieler und Künstler. Im August 1810 besuchte Jean Paul den Weinhändler. Der bat Hoffmann zum Mittagessen hinzu. Man saß noch beim Wein beieinander, als die Nachricht eintraf, Eleonore von Kalb – eine Schwester der berühmten Charlotte von Kalb und Freundin Jean Pauls – erwarte »mit einer Menge Damen« die Herren am Ufer der Regnitz. Jean Paul war plötzlich voller Skrupel, wollte die Einladung nicht annehmen und erfand eine Ausrede, die ein Diener überbringen sollte. Darüber amüsierte sich Hoffmann, griff zum Zeichenstift und entwarf eine spöttische Karikatur, die Jean Paul wie auf glühenden Kohlen sitzend zeigte. Das Blatt missfiel dem Dichter über die Maßen und verstimmte ihn zutiefst. Er soll es, kaum dass Hoffmann zur Tür hinaus war, zerrissen haben. Das Verhältnis zwischen Hoffmann und Jean Paul blieb von da an für immer gestört.

DER LETZTE ROCK

Obwohl Hoffmann am Theater arbeitete, komponierte und Musikkritiken schrieb, reichten die Einnahmen kaum zum Leben. Drastisch notierte er in sein Tagebuch: »Höchste infamste Geldnot – Kunz nichts hergegeben, infame Stimmung. In der höchsten Not den alten Rock verkauft, um nur fressen zu können!!« – Der alte Rock? Die Tochter von Friedrich Speyer beschrieb Hoffmann so: ein »kleines Männchen, das stets in demselben kastanienbraunen, abgenützten, wenn auch feinen Frack umherging, auch im Freien selten ohne die kurze Pfeife zu sehen war, aus der er dicke Dampfwolken stieß«.

BURGBEWOHNER

Zum Stammtisch der »Rose« gehörte der Medizinaldirektor Marcus, Leiter des Irrenhauses St. Getreu, einer der fortschrittlichsten Psychiater seiner Zeit. Hoffmann verdankte Speyer und Marcus viele Kenntnisse, die in seine Geschichten einflossen, diskutierte mit ihnen Fachliteratur über Psychologie und Geisteskrankheiten, sah im Hospital von St. Getreu »zum erstenmal eine Somnambule«. Marcus war auch der Besitzer der Ruine der Altenburg in Bamberg, die sich Hoffmann hin und wieder zum Refugium wählte. Den gotischen Saal im Wachturm malte er mit Fresken aus. Der Aufenthalt in der Burg versetze ihn stets in »fröhliche Schaffenslaune«.

UNDINE

Als Hoffman im Sommer 1812 wieder für einige Tage als Turmgast in der Altenburg logierte, kam ihm die Idee zu einer Oper. »Der Sturm, der Regen, das in Strömen herabschießende Wasser erinnerte mich beständig an den Oheim Kühleborn [Figur aus Fouqués *Undine]*, den ich oft mit lauter Stimme durch mein gotisches Fenster ermahnte ruhig zu sein, und da er so unartig war nichts nach mir zu fragen habe ich mir vorgenommen ihn mit den geheimnisvollen Charakteren, die man Noten nennt, fest zu bannen! – Mit anderen Worten: die *Undine* soll mir einen herrlichen Stoff zu einer Oper geben!« Fouqués Märchen war im Vorjahr erschienen und hatte das lesende Publikum erobert. Hoffmann, der seinen Freund und Berater Hitzig in Berlin um die Suche nach einem Librettisten gebeten hatte, verzeichnete vier Wochen darauf Sensationelles in seinem Tagebuch: »Fouqué selbst bearbeitet *Undine*. Künstlerisch exaltierte Stimmung.« Als Hoffmann auf Wunsch Fouqués eine »Skizze der Oper« schickte, griff er etwaigen Konflikten vor. Er wolle den Dichter nicht »beengen«, schrieb er, aber manche Begebenheit müsse wegfallen. Deswegen gehe jedoch keine Nuancierung verloren, denn »die Musik, welche mit ihren wunderbaren Tönen und Akkorden dem Menschen recht eigens das geheimnisvolle Geisterreich der Romantik aufschließt«, werde »alles wieder zu ersetzen imstande« sein.

Im Turmzimmer der Altenburg komponierte Hoffmann die ersten Takte seiner »Zauberoper«.

Sie sei bescheiden, anspruchslos und den wechselnden Launen ihres Gatten gegenüber duldend und nachgiebig gewesen, habe »in geistiger Beziehung aber durchaus nicht mit ihm in Rapport« gestanden. Wäre es anders gewesen, hätte das aber – nach Kunzens Meinung, dem wir diese Auskünfte verdanken – auch nichts zu Hoffmanns häuslichem Glück beitragen können, »da er gelehrte Frauen hasste«. Und Kunz fährt fort: Hoffmann versuchte, seine Frau »als eine höchst geistreiche, belesene und kritisch-gebildete überall geltend zu machen, und besonders bei mir versuchte er dies auf die mannigfachste Weise. – In der ersten Viertelstunde eines eingeleiteten Gesprächs mit ihr war aber nun wahrzunehmen, dass sie dies nicht sei, und Hoffmann konnte nichts so sehr beleidigen, als wenn er aus meinem und andrer Freunde Benehmen oder Äußerungen schloss, dass sie nicht dafür gehalten wurde. Es war wirklich oftmals sogar unerträglich, wie auf diese oder jene Art er seine fixe Idee durchsetzen und die Freunde gleichsam zwingen wollte, an seine Frau wie an ein gelehrtes, kritisches Evangelium zu glauben.« Und das galt auch in Kunstfragen. War man sich im Kreis der Bamberger Freunde uneins, wie dieser Dichter oder jenes Werk zu bewerten seien, und schienen alle Argumente gewechselt, pflegte Hoffmann seine Position zur gültigen zu erklären mit den Worten: »Genug! Meine Frau ist derselben Meinung.«

ROMANTISCHE LIEBE

Julia Mark verehrte ihren Musiklehrer und mochte die lebhaften, anregenden Gespräche mit ihm. Seine Gefühle erwiderte sie zweifellos nicht. Hoffmanns Liebe zu seiner Gesangsschülerin entwickelte sich zu einer Obsession, brachte ihn an den Rand des Wahnsinns, wie sein Freund Kunz besorgt beobachtete: »Sie sehen, und, war er nicht bei ihr, von ihr sprechen war seine größte Seligkeit … Sie war das Lebensprinzip, was ihn während seines ganzen hiesigen Aufenthalts nährte, stärkte, leitete, ergötzte, erschütterte und endlich zu Boden warf.« Drei Jahre sah Hoffmann sie fast täglich.

EKLAT IN SCHLOSS POMMERSFELDEN

Die leidenschaftliche Liebe endete 1812 nach der Verlobung Julia Marks mit dem Hamburger Kaufmann Graepel bei einer Nachfeier in Pommersfelden, an der auch Hoffmann und Kunz teilnahmen. Dort wurde dem Wein tüchtig zugesprochen. Anzügliche Späße des stark angetrunkenen Bräutigams veranlassten Julias Mutter, einen Gang in den Garten vorzuschlagen, doch im Hofe vor dem Schloss stürzte der taumelnde Graepel, alle viere von sich streckend. Der eifersüchtige Hoffmann glühte vor Zorn und ihm entfuhren die derben Worte: »Sehen Sie, da liegt der Sch-hund! Wir haben doch auch getrunken, wie er, uns passiert so etwas nicht! Das kann nur so einem gemeinen, prosaischen Kerl passieren!« Alles erschrak bei diesen mehr schreiend als redend ausgestoßenen Worten. Julia warf Hoffmann Blicke der Verachtung zu, die Konsulin sprach empörte Worte. Hoffmann stand einen Augenblick wie niedergeschmettert, dann entfernte er sich schnellen Schrittes. Nach diesem Eklat betrat er das Haus der Familie Mark nie wieder.

FREUND POLLUX

Nanette Kauer, die Besitzerin von Hoffmanns Stammlokal »Zur Rose«, hatte einen großen Haushund, Pollux genannt, ergraut vor Alter oder, wie Hoffmann meinte, vor bitteren Erfahrungen während seiner Lebenszeit, und er wurde auch deshalb Hoffmanns Freund. Er hatte den Hund überaus lieb, richtete lange Monologe an ihn, gab ihm leckere Bissen und nahm ihn, wenn möglich, überall mit. Der Hund gewöhnte sich so sehr an ihn, dass er fast mehr Zeit in Hoffmanns Wohnung als in der seiner Herrin, die der Hoffmannschen gegenüberlag, zubrachte. War Hoffmann nicht zu Hause, so setzte er sich mitten auf den Theaterplatz und schaute stundenlang zum Dachstübchen hinauf, bis er entweder eingelassen wurde oder Hoffmann herabkam, um ihn zu einem Spaziergange mitzunehmen, den er fast täglich nach Bug antrat. Eines Tages vermisste er mitten im Park, durch den der Weg nach Bug führte, den treuen Hund, der ihm auch unaufgefordert stets zu folgen pflegte. Hoffmann war den ganzen Tag über missvergnügt und verließ in dieser Stimmung abends den Ort, in sich gekehrt, langsam durch den Park wandelnd. Er war schon ein paar Schritte an dem Standbild des heiligen Nepomuk vorüber, als er es hinter sich stöhnen und winseln hörte. Hinzutretend fand er seinen Pollux zusammengekrümmt am Fuße der Statue. Er glaubte wirklich, der Hund würde verenden, doch gelang es ihm nach und nach durch Liebkosungen, dass Pollux alle seine Kräfte zusammennahm und ihm bis zu seiner Herrin folgte. Später erinnerte er sich des Gesprächs der beiden Hunde Scipio und Berganza in Cervantes' Erzählung und beschloss nach erneuter Lektüre, in dieser Manier seine eigenen Fragmente dialogisierend zu bearbeiten. Aus dieser Anregung entstand sein Fantasiestück *Nachrichten von den neuesten Schicksalen des Hundes Berganza,* das die Vorgänge im Markschen Hause schildert und in dem Julia als Cäcilia, der Name seiner verstorbenen Tochter, auftritt.

LEIDEN AN BAMBERG

Hoffmanns Stellung in Bamberg war durch die Julia-Geschichte kaum noch haltbar und er selber nicht nur wegen finanzieller Sorgen in gedrückter Stimmung. Die Jahre in Bamberg waren voll »unverdienter Kränkungen«, wie er einmal seinen Freund Speyer wissen ließ, die den »inneren Groll« vermehrten und ihn »immer mehr an Wein als Reizmittel« gewöhnten, das Feuer nachzuschüren, »damit es lustiger brenne«.

Im Februar 1813 traf ein erlösender Brief ein. Auf Empfehlung des Verlegers Härtel und des Redakteurs Rochlitz von der *Allgemeinen Musikalischen Zeitung* erhielt er ein Stellenangebot von Joseph Seconda, als Musikdirektor in dessen Operngesellschaft in Leipzig und Dresden zu arbeiten. Hoffmanns Resümee lautete: »Meine Lehr- und Marterjahre sind nun in Bamberg abgebüßt, jetzt kommen die Wander- und Meisterjahre; – nun sitz ich fest im Sattel!«

AUS E.T.W. WIRD E.T.A.

Wenige Tage vor seinem Umzug unterschrieb Hoffmann seinen ersten Verlagsvertrag, den er mit Ernst Theodor Amadeus Hoffmann unterzeichnete. Aus E.T.W. wurde E.T.A. Hoffmann.

Julius Hitzig berichtete später, Hoffmann habe ihn wissen lassen, die Namensänderung gehe auf einen Schreibfehler auf einem der ersten Manuskripte zurück, und da er einmal »mit dem A. kursiere und die Münze gangbar« gewesen sei, habe er es nicht mehr ändern wollen.

Durch den Verleger Kunz ist übermittelt, dass Hoffmann aus »unbegrenzter Liebe« zu Mozart, in dessen Namen er »eine bindende und fesselnde Kraft zu erblicken glaubte«, den »Wilhelm« gegen »Amadeus« austauschte.

EIN BUCH BRAUCHT EINEN TITEL

Kunz plante eine Sammlung der Aufsätze und Erzählungen Hoffmanns, die bislang in der *Allgemeinen Musikalischen Zeitung* erschienen waren, ergänzt um einige weitere Beiträge. Den Titel gedachte er »mit einem Künstlernamen« zu schmücken und legte Hoffmann Bilder des französischen Kupferstechers Jacques Callot vor. Hoffmann verfasste das einleitende Kapitel und sah durch den Zusatz »in Callots Manier« treffend »die besonders subjektive Art, wie der Verfasser die Gestalten des gemeinen Lebens anschaut« charakterisiert. Der Titel, *Fantasiestücke in Callots Manier,* war gefunden, nun fehlte noch ein Geleitwort. Der geschäftstüchtige Kunz wusste, dass die Worte eines namhaften Autors halfen, einem noch namenlosen den Weg zu bahnen. Er reiste zu Jean Paul nach Bayreuth. Jean Paul indes zierte sich, er wolle gar keine Vorreden zu Büchern anderer Autoren mehr schreiben, aber »Ihnen zuliebe als Verleger ...« und so weiter. Denn Hoffmann zuliebe keineswegs, der habe sich, wie er von seiner Frau wisse, moralisch nicht untadelig verhalten ... Die Frau war eine Freundin von Minna Doerffer, der einstigen Verlobten Hoffmanns. Dennoch, Jean Paul las das Manuskript – und gratulierte nur Stunden darauf Kunz zu dem »gefundenen Schatze«. So berichtete es Kunz selbst, und inwiefern die Eitelkeit oder die Entdeckerfreude eines Verlegers ihm die Feder führte, bleibt Vermutung. Hoffmann gefiel die Vorrede nicht, er habe sie sich »kürzer, genialer« vorgestellt. »Jean Pauls Kleister- und Essigaale haben mir tüchtig vorgeschnalzt. Da aber der eigentliche Zweck, nämlich die Worte auf dem Titelblatt ›Mit einer Vorrede von Jean Paul‹ erreicht ist und er selbst in der Vorreden von seiner *Manier* (nicht Stil) spricht, so mag ich nichts mehr darüber sagen.« – Jean Paul äußerte sich später unwillig über Hoffmann: Er sei eine »ewig abwärts sinkende Sonne, die bei ihrem Aufstieg kulminiert habe«. Seine *Fantasiestücke* hätten zu Hoffnungen Anlass gegeben, aber Hoffmann wiederhole sich und steigere seine »Ausartungen«.

WANDER- UND MEISTERJAHRE

Inmitten der napoleonischen Kriegszüge erreichten Hoffmann und seine Frau 1813 Dresden, dokumentiert durch den *Dresdner Anzeiger für Jedermann:* »Am 25. April 1813. Einpassiert … Hr. Musikdir. Hofmann aus Bamberg … Auspassiert … Hr. Geh. Rath v. Göthe aus Weimar.« Den Impresario Seconda und seine Truppe, die kriegsbedingt in Leipzig ausharrten, traf Hoffmann dort nicht an; überraschend aber seinen Jugendfreund Hippel als Staatsrat im Gefolge des preußischen Kanzlers Hardenberg. Die Hoffmanns blieben zunächst in Dresden, dort marschierte Napoleon am 8. Mai ein und es kam zu Gefechten zwischen Franzosen und Russen. In der Nähe des Schlosstores wurde Hoffmann durch eine abprallende Kugel leicht am Schienbein verletzt; die Kugel behielt er als Andenken – und folgte der Aufforderung Secondas, nach Leipzig zu reisen.

LEIPZIGER NÄCHTE

Die Abende nach den Vorstellungen verbrachte Hoffmann mit Kollegen und neuen Freunden in den Wirtshäusern. Im Juni 1813 lernte er in der »Grünen Linde« den Polizei-Aktuarius Friedrich Wagner kennen, ein munterer Gesprächspartner, der Hoffmann zudem mit Schauspielerparodien unterhielt. Sein jüngstes, vier Wochen altes Kind schlummerte nur wenige Straßen entfernt in der Wiege – Richard Wagner, der ein begeisterter Leser Hoffmanns werden würde.

EINE KUTSCHFAHRT

Während in Leipzig der Belagerungszustand ausgerufen wurde, erlaubte ein Waffenstillstand, dass in Dresden wieder gespielt wurde. Seconda beorderte Hoffmann zurück in die Elbestadt. Die Kutschfahrt war, wie Hoffmann sagte, »eine lächerliche Reise – die mir Stoff zu der humoristischen Erzählung geben würde. Vorzüglich war ein Hamburger Stuhlwagen, auf dem sich der Unterstab nebst überflüssigen Mägden, Kindern und Tieren befand. Nach richtiger Schätzung und Zählung befanden sich darauf: 1 Theater-Friseur, 2 Theater-Gehilfen, fünf Mägde, neun Kinder, worunter zwei neugeborene und drei noch säugende; ein Papagei, der unaufhörlich und sehr passend schimpfte, fünf Hunde, worunter drei abgelebte Möpse, vier Meerschweinchen und ein Eichhorn.«

IM SCHLACHTGETÜMMEL

Inmitten der kriegerischen Ereignisse 1813, der Völkerschlacht bei Leipzig und der Schlacht bei Dresden, schrieb und komponierte Hoffmann. Er schrieb nach Bamberg an Kunz: »In keiner als in dieser düstern verhängnisvollen Zeit, wo man seine Existenz von Tag zu Tag fristet und ihrer froh wird, hat mich das Schreiben so angesprochen, – es ist, als schlösse ich mir ein wunderbares Reich auf, das, aus meinem Innern hervorgehen und sich gestaltend, mich dem Drange des Äußern entrückte.« Er begann mit der Arbeit am *Goldnen Topf,* dem Märchen, das er zeitlebens am meisten schätzte und über das er einmal sagte, so etwas gelänge nur einmal. – Er verfasste für die Freunde Auszüge aus seinem Tagebuch unter dem Titel *Drei verhängnisvolle Monate* und die Flugschrift *Vision auf dem Schlachtfeld bei Dresden.* Den Angriff der Alliierten gegen Napoleons Truppen schilderte er in seinem Tagebuch am 26. August 1813: »Eben als ich zu Hause gehen wollte sauste eine Granate über meinem Kopfe durch die Luft und fiel 10 Schritt vor mir nieder zwischen Pulverwagen!« Drei Tage später notierte er: »Das Kriegs-Getümmel hat sich entfernt, der Kaiser ist in Dresden geblieben. V.M. war ich bei Hopfgarten auf dem Schlacht-Gefilde, scheußlicher Anblick – Leichen mit zerschmetterten Köpfen und Leibern …« Ab 29. Oktober belagerten die Truppen der Koalition Dresden, Hungersnot und eine Typhusepidemie griffen um sich. Hoffmann dirigierte im belagerten Dresden *Die Zauberflöte.*

EIN FOLGENREICHER STREIT

Im Dezember war Hoffmann nach Leipzig zurückgekehrt, wo es im Februar 1814 zum Zerwürfnis mit Joseph Seconda kam, das mit Hoffmanns Kündigung endete. In einem Brief an Rochlitz machte Hoffmann seinem Ärger Luft: »Hierüber fuhr mir Hr. Seconda in dem ZwischenAkt auf dem Theater also in Gegenwart sämtlicher Schauspieler, Statisten usw. auf die pöbelhafteste Weise auf den Hals, indem er unter anderem sagte, ich säße da unten vor den Teufel da usw. – dass meine Langmut am Ende war, und ich ihm ziemlich heftig erwiderte: Auf diese Weise könne er mit Bedienten – mit Stallknechten umgehen aber nicht mit Männern von Bildung!« – Hoffmann war wieder stellungslos, bezog mit seiner Frau ein karges Hotelzimmer, erkrankte. In sein Tagebuch trug er ein: »Meine ganze Karriere ändert sich abermals!! Den Mut ganz sinken lassen« – und war doch voller Pläne. Elf Tage nach der Kündigung begann er die Arbeit an seinem ersten Roman, den *Elixieren des Teufels.*

DER ZEICHNER IM BETT

Wieder fehlte es an Geld, um auch nur das Lebensnotwendige zu bestreiten. Als Rochlitz, der Redakteur der *Allgemeinen Musikalischen Zeitung,* Hoffmann in seinem schäbigen Hotelzimmer besuchte und ihn im Bett über ein Zeichenbrett gebeugt sitzend antraf, wurde ihm klar, womit Hoffmann sich über Wasser hielt: Er zeichnete antinapoleonische Karikaturen. Die waren gefragt, Drucke gingen sogar nach England, der Zeichner verdiente dennoch nur ein paar Dukaten. – Aus Rochlitz' Feder stammt auch die Beschreibung einer Eigenart Hoffmanns: »Er konnte, ohne dass er sich irgend Gewalt antat, wochenlang unverändert mit der einfachsten Kost fürliebnehmen: dann kam aber mit eins, und ohne alle gegebene Veranlassung, eine Begier zum Schlemmen über ihn, welcher er sich nun ohne Hehl überließ, so weit und so lange die Kasse es irgend verstatten wollte.«

»SEHNLICHSTER WUNSCH«

Im Juli 1814 tauchte Hippel, der am Einzug der Verbündeten in Paris teilgenommen hatte, überraschend in Leipzig auf. Gemeinsam setzten die Freunde ein Schreiben an die preußischen Behörden auf, in dem Hoffmann den »sehnlichsten Wunsch« äußerte, »wieder im preußischen Staatsdienst angestellt zu werden«. Hippel ließ seine Beziehungen in Berlin spielen. Am 2. September notierte Hoffmann in sein Tagebuch: »Schreiben des Großkanzlers, worin er Erklärung verlangt, ob ich Rat oder nur Sekretär werden will.« – Am 24. September 1814 verließen Hoffmann und seine Frau Leipzig, im Gepäck die fertige Partitur der *Undine* sowie das noch nicht vollendete Manuskript der *Elixiere*, und kamen zwei Tage später in Berlin an.

BERLIN
1814–1822

»Muss sich das Gute ereignen, so trifft Alles zusammen, und so kam es denn auch, dass als ich die Gewissheit der Anstellung erhielt, der Buchhändler Duncker mir für ein nicht zu starkes Manuskript 80 Fridrichsd'or zahlte. Ich konnte ein gutes Logis beziehen, konnte mich notdürftig einrichten und habe noch zu leben, bis neue Gelder eingehen. – So siehst Du mich, mein teuerster Freund! nach so vielen Stürmen endlich im Hafen!« BRIEF AN THEODOR GOTTLIEB VON HIPPEL, 18. JULI 1815

NEUANFANG IN BERLIN

Im September 1814 nahm Hoffmann das Angebot des preußischen Justizministers von Kircheisen an, zunächst auf ein halbes Jahr ohne Gehalt beim Kammergericht in Berlin zu arbeiten. »Es ist in meinem Leben etwas recht Charakteristisches«, meinte er, »dass immer *das* geschieht, was ich gar nicht erwartete, sei es nun Böses oder Gutes, und dass ich stets *das* zu tun gezwungen werde, was meinem eigentlichen tieferen Prinzip widerstrebt. – So glaubte ich mich auf immer der Justiz entschlagen zu haben …«

Durch seine *Fantasiestücke* war Hoffmann inzwischen zu einem bekannten Autor geworden, der unschwer Zugang zu intellektuellen und Dichterkreisen fand. Anfang Oktober berichtete er an Kunz in Bamberg: »Gestern hatte ich eines der interessantesten Diners, die ich erlebte. – Ludwig Tieck, Fouqué, Franz Horn, Chamisso, Bernhardi, der Professor Moretto, der Maler Veith, Hitzig und ich, das waren die Personen, die sich bei dem ersten Restaurateur nach der ersten Weise und auf verschiedene Weise restaurierten.«

Jahre später erinnerte sich Ludwig Tieck an dieses Diner: »Hoffmann war eine merkwürdige Erscheinung; ein kleines unruhiges Männchen mit dem beweglichsten Mienenspiel und stechenden Augen. Er hatte etwas Unheimliches und fürchtete sich zuletzt vor seinen eigenen Gespenstern.«

FREIHERR VON VIEREN

Im Kaffeehaus Manderlee versammelte sich ein größerer, lebhafter Zirkel mit Hoffmann und seinen nächsten Freunden, mit denen er oft bis nach Mitternacht geistreich über Poesie plauderte. Im Oktober 1814 bildete sich ein weiterer Zirkel um Hoffmann, der sogenannte Seraphinenorden, der sich wöchentlich traf. Hier las Hoffmann sein Fantasiestück *Die Abenteuer der Silvesternacht* seinen Freunden Chamisso, Contessa und Hitzig vor, die daraufhin beschlossen, zu viert einen Roman zu schreiben, den *Roman des Freiherrn von Vieren,* wobei Fouqué für Hitzig einsprang. Eine Handlung war schnell entworfen, enthusiastisch machte man sich ans Werk. Doch der zweite Autor erschlug die Hauptfigur des ersten, der dritte schickte den noch gebrauchten Doppelgänger auf Reisen und der vierte rief übernatürliche Kräfte herbei. Nichts passte, nichts fügte sich. Verärgert über den »Eigensinn der Beteiligten« zog Hoffmann sein Kapitel zurück. Der Roman blieb Fragment.

MIT FOUQUÉ IN NENNHAUSEN

Hoffmann arbeitete gemeinsam mit Fouqué intensiv an der Zauberoper *Undine.* Der Baron lud ihn dazu auch einige Male auf sein Landgut in Nennhausen ein. Einmal fand Fouqué Hoffmann morgens »singend in seinem Schlafzimmer auf- und abschreitend. Im leichten Nachtkamisol und Nankinpantalons, eine weiße Schlafmütze schräg auf den Kopf gestülpt, zur Hand einen hoch geschwungenen mächtigen Stab, womit in dem altertümlichen Landsitze die Fensterladen gegen nächtliche Einbrüche verwahrt wurden, die bereits rüstige Schreibfeder schräg auf die Mütze gesteckt, sang die kleine elfenähnliche Gestalt …«

Auf einer der Rückfahrten nach Berlin stürzte die Kutsche um und Hoffmann »trug eine ganz unbedeutende Schramme an der Nase davon«. Sie veranlasste ihn aber zu »tiefgelehrten geologischen Betrachtungen« darüber, wie seine »scharfgebogene Nase glücklicherweise in einen gleichsam futteralmäßig dafür durch eine der Urweltfluten ausgehöhlten Stein hineingepasst habe und dadurch vor dem Zerbrechen beschirmt worden sei.«

DER DELPHIN

Die schriftstellernde Gemahlin Fouqués, Caroline de la Motte Fouqué, verfasste Gedichte, Romane, Abhandlungen über die Mode oder die weibliche Bildung und war darin sehr erfolgreich. Im Januar 1815 allerdings gelang es ihr nicht, Hoffmann zu fesseln. Er trug in sein Tagebuch ein: »Frau von Fouqué, die mich durch Vorlesung eines schlechten Romans schändlich ennuyierte und verstimmte.«

Doch das Verhältnis besserte sich. Als Hoffmann im Oktober 1815 einer Einladung der Fouqués nach

Nennhausen folgte, notierte er: »Vierzehn vergnügte Tage habe ich in Nennhausen bei Fouqué verlebt. Sie [die Baronin] ist als Hausfrau besser, als sich literarisch drucken lassend. Sie ist geistreich, witzig und noch recht hübsch – *grande e maestosa.* – Auf mich hält sie viel und hat mich mit psychischer und physischer Atzung wohl versehen. Man isst und trinkt vortrefflich, auch darf man mit dem alten Landesdirektor Briest beim Damentee eine Pfeife Varinas-Knaster rauchen.«

1817 veröffentlichte Caroline die Novelle *Der Delphin,* in der Hoffmann nur leicht verschlüsselt als Kapellmeister Gottmund auftritt.

BRUDER MEDARDUS MIT DEM PFERDEFUSS

Der preußische Diplomat und spätere Sammler Wilhelm Dorow lernte Hoffmann 1815 bei Caroline von Humboldt in Berlin kennen. Dorow bezeichnete den Kammergerichtsrat Hoffmann als »Bruder Medardus«, der einen sehr unheimlich-gespenstischen Eindruck machte, sodass sich Dorows Augen reflexartig auf Hoffmanns Füße richteten, ob nicht ein satanischer Pferdefuß zum Vorschein käme. Die Titulierung »Bruder Medardus« erklärt sich aus dem gerade erschienenen ersten Band der *Elixiere des Teufels* mit seinem Helden, dem Mönch Medardus.

UNGEDULDIGE KINDER

Den Kindern seines Freundes Hitzig erschien Hoffmann keineswegs teuflisch, vielmehr sahen sie ihn als einen gütigen und geduldigen Freund, der sie mit fantasievollen Geschichten in seinen Bann zog. Voller Enthusiasmus erzählte er ihnen von seiner Zauberoper *Undine*. Die Kinder brannten darauf, die zerbrechliche, liebevolle, enttäuschte und getäuschte Undine leibhaftig auf der Bühne zu sehen. Hoffmann wurde bewusst, dass er die Kinder im Jahre 1815 nicht bis zu einer Aufführung im Sommer des kommenden Jahres warten lassen konnte. Um ihnen einen Vorgeschmack zu geben, baute und malte er mit großem Aufwand und viel Sorgfalt die fiktive Burg Ringstetten, auf die Undine ihrem Gemahl gefolgt war. Am Weihnachtsabend 1815 stellte er die Burg im Hause des Freundes auf und erleuchtete sie prachtvoll von innen. – Zwischen Clara und Friedrich, zweien der vier Kinder der Familie Hitzig, und Hoffmann bildete sich eine eigene Freundschaft heraus. Es blieb trotz aller Zuneigung dabei, dass Hoffmann nie die Distanz ablegte, die ihm im Umgang mit anderen Menschen eigen war; nie umarmte oder herzte er die Kinder. Er drückte seine Gunst auf literarische Weise aus: Die Freundschaft zu Hitzigs Kindern animierte den Schriftsteller zu seinem Weihnachtsmärchen *Nussknacker und Mausekönig,* in dem er die beiden jüngeren Kinder unter den Märchennamen Marie und Fritz porträtierte und dem Paten Droßelmeier, einem Obergerichtsrat, eigene Züge verlieh. – Die Poesie des romantischen Weihnachtsmärchens fesselt Menschen seit Generationen und ist Quelle und Inspiration für Künstler bis in unsere Tage. Tschaikowskis weltberühmtes Ballett *Der Nussknacker* basiert auf einer Bearbeitung des Hoffmann-Märchens durch Alexandre Dumas den Älteren.

SCHAUEREXPERIMENTE

Eines Abends im Haus der Familie Hitzig forderte Hoffmann die Tafelrunde auf, die Servietten wie Leichentücher über Kopf und Schulter zu hängen, zündete gesalzenen Weingeist an und löschte die Kerzen, sodass die Anwesenden wie Leichen aussahen. Hitzigs Kinder eilten neugierig hinzu, und auch deren Gesichter wirkten in dem diffusen Licht nun leichenblass. Die entsetzte Mutter schalt Hoffmann aus Sorge um ihre Kinder. Die Kinder aber hatten ihren Spaß an dem Schauspiel.

IM VERHÖR MIT DEM KAMMERGERICHTSRAT

Die Schriftstellerin Helmina von Chézy hatte 1816 in einem Brief an Gneisenau die skandalösen Zustände nach den Befreiungskriegen in den belgischen Lazaretten beklagt. Als Antwort erhielt sie eine Klage der Königlichen Preußischen Invaliden-Prüfungs-Kommission wegen Beleidigung. Die Chézy verweigerte daraufhin ein Verhör in Köln und wurde in Abwesenheit zu einem Jahr

Gefängnis, tausend Friedrichsdor Strafe plus Prozesskosten verurteilt. In Berlin wollte sie ihr Recht vor dem Kammergericht ausfechten. Hoffmann, den sie durch Hitzig kannte, wurde ihr in dieser Rechtsangelegenheit zugeordnet. Die ersten Verhöre fanden im Kammergericht statt. Hoffmann, »ganz vom Ernst und der Würde seiner Mission durchdrungen«, setzte die Protokolle auf. Das zweite und dritte Verhör wurde bei Hoffmann daheim abgehalten. »Ich hatte seine Wohnung noch nicht gesehen, er hatte die Wände selbst ausgemalt«, notierte die Schriftstellerin nicht wenig beeindruckt. Bevor Hoffmann das dritte Protokoll aufsetzte, legte er der Chézy die passenden Worte zu ihrer Verteidigung in den Mund. Die Art, wie diese Verhöre geführt wurden, beeinflusste die schnelle und günstige Entscheidung im Sinne der Angeklagten.

IM SALON

Mit dem wachsenden Erfolg häuften sich die Einladungen für den Bücher schreibenden Kammergerichtsrat, der Opern komponierte, auf dem Piano fantasierte und Karikaturen zeichnete. Oft aber langweilte sich Hoffmann in diesen literarischen Salons. Dann überkam ihn eine wahre Wut, die charakteristisch in seinen Gesichtsmuskeln spielte. Er verschaffte sich Luft durch gallenbitteren Sarkasmus oder durch Äußerungen, die er wie Wahnwitz gestaltete, um verlegene Gesichter um sich her zu sehen.

GEORDNETER TAGESABLAUF

Hoffmanns Lebensordnung verlief so: Montags und donnerstags verbrachte er die Vormittage in den Sitzungen des Kammergerichts, während er an den anderen Tagen zu Hause arbeitete und nachmittags in der Regel schlief, im Sommer aber Spaziergänge bevorzugte. An den Abenden folgte er Einladungen und in den Nächten bildeten die Weinhäuser sein Refugium, wo er Karikaturen zeichnete und trank, um sich »zu montieren und in eine exotische Stimmung« zu versetzen. Er zelebrierte aber auch in seiner Wohnung Weinabende mit Freunden und Gästen. Der dänische Dichter Oehlenschläger erlebte Hoffmann als burlesken Kobold mit weißer Schürze, der Punsch und Champagner servierte, Anekdoten erzählte und schließlich seinen Gast erschreckte, indem er ihm einen kleinen schwarzen Teufel mit Hörnern und roter Zunge über die Schulter legte. Hoffmann besaß einen ganzen Schrank voll Marionettenpuppen.

DIE ZAUBEROPER UNDINE

Nach langer und konfliktreicher Vorbereitung erfolgte am 3. August 1816, dem Geburtstag von Friedrich Wilhelm III., die erfolgreiche Premiere der Oper *Undine* im Schauspielhaus am Gendarmenmarkt mit den Dekorationen und Kostümen von Friedrich Schinkel, den Hoffmann zur Mitarbeit hatte gewinnen können.

Die weibliche Hauptrolle wurde von der jungen Sängerin Johanna Eunike verkörpert, für die Hoffmann eine schwärmerische Zuneigung erfasst hatte. Seinem Freund Hippel schrieb er: »Mein Undinchen wurde in einem Zeitraum von vierthalb Wochen gestern zum sechstenmal bei überfülltem Hause gegeben. Die Oper hat ein allgemeines Gären und Brausen und endloses Geschwätz verursacht, welches lediglich dem Dichter zuzuschreiben ist, der die Opposition sämtlicher Philister wider sich hat. … Alle rühmen die Musik und – die Dekorationen, die aber auch das genialste der Art sind, die ich jemals gesehen.«

DAS SCHAUSPIELHAUS BRENNT

Am 27. Juli 1817 erlebte das Berliner Publikum die vierzehnte Aufführung der *Undine;* es war zugleich die letzte, denn zwei Tage darauf brannte das Schauspielhaus, wobei auch die Kulissen und die wertvollen Kostüme der Undine-Inszenierung im Werte von zwölftausend Reichstalern zerstört wurden.

Hoffmanns Wohnung befand sich nur fünfzehn bis zwanzig Schritte entfernt gegenüber dem Theater. Die Flammen hatten bereits auf das Hausdach übergegriffen, »Feuerarbeiter« schlugen an die Tür, die Fensterscheiben sprangen und »nur beständiges Gießen bewirkte, dass das Holzwerk nicht vom Feuer anging«. Die Sorge um die eigene Behausung hinderte Hoffmann nicht daran, den Brand des Theaters zu beobachten, wo die Perückenkammer in Flammen stand und fünftausend Perücken aufflogen, darunter auch die lang bezopfte des Schauspielers und Sängers Unzelmann, die wie ein Meteor über das Bankgebäude der Preußischen Seehandlung schwebte, bevor sie ein Gardejäger abschoss. »Zum Tode getroffen, zischend und brausend sank es nieder in den Pisswinkel des Schonertschen Weinhauses – Hierauf stiegen sofort die Staatspapiere!«, schrieb der Augenzeuge Hoffmann und verewigte diese kuriose Szene in einer Karikatur.

TEUFLISCHER ERFOLGSAUTOR

Der schwedische Dichter Atterbom glaubte bei seinem Berlin-Besuch zu beobachten, dass alle Kindermädchen Fouqué und Hoffmann läsen. Den *Nachtstücken* Hoffmanns mit deren angeblichen Gräueln und Teufeleien konnte der Schwede nichts abgewinnen: »Dies genialische Original ist auf die Manie verfallen, sich in die Schönheit der Hölle zu verlieren und tischt seinen Lesern so viele Beelzebubsgerichte auf, dass ihnen schließlich alle Esslust oder wenigstens alle Verdauungsfähigkeit vergeht«, und er warnte Hoffmann, dass seine Leser am Ende die Hölle selbst als alltäglich empfänden.

ENKELTRICK

Im Winter 1816/17 erschien bei Hoffmann ein junger, stattlicher Mann, der sich etwas pathetisch mit »Ich bin Ihres Bruders Sohn!« vorstellte. Dem Schriftsteller schoss sogleich die Zeile aus Shakespeares *Hamlet* durch den Kopf: »Ich bin deines Vaters Geist!« Er hatte zu seinem Bruder Johann Ludwig Hoffmann, der nach der Scheidung der Eltern beim Vater geblieben war, lange Zeit keinen Kontakt mehr gehabt. Dem Bruder wurde ein Hang zur Verschwendung nachgesagt; sein Vormund, der Glogauer Onkel, soll sich sogar gezwungen gesehen haben, ihn in ein Arbeitshaus sperren zu lassen. Hoffmann befragte den Gast zu seinem Vater. Ferdinand Hoffmann, wie der junge Mann sich nannte, erzählte mit gesenkter Stimme und ein Tuch an die Augen führend, dass sein Vater vor sechs Wochen verstorben sei. Dem Besuch folgte ein Bittbrief des jungen Mannes. Hoffmann sandte ein paar Taler, forderte aber vor weiterer Hilfe glaubhafte Atteste für dessen Wohlverhalten. Er hörte nie wieder von der Person. – Einige Monate später meldete sich Hoffmanns nun tot geglaubter Bruder per Brief und warf Hoffmann vor, ihm als hilfebedürftigen Menschen Unterstützung versagt und sich »den Mantel des Hochmuts umgehängt« zu haben. Hoffmann entwarf verwundert eine Antwort, mit der er auch um Klärung zur Person des Besuchers bat, die er jedoch weder vollendete noch absandte.

TUMULT IN DER OPER

Anfang des Jahres 1818 sorgte ein Vorfall in der Berliner Oper für *den* Gesprächsstoff der Stadt. Der für seine arrogante und ungefällige Art bekannte Sänger Joseph Fischer hatte sich nach einer Aufführung von Mozarts *Figaro* unter Vortäuschung von Heiserkeit geweigert, dem Drängen des Publikums nach einer Zugabe nachzugeben. Nun schlug die Gunst des Publikums um und der Künstler wurde ausgepfiffen. Fischer beschwerte sich dann auch noch in einem Zeitungsartikel über die mangelnden Beifallsäußerungen. Das war für Hoffmann zu viel. Er verfasste für den *Freimütigen* eine Glosse und goss beißenden Spott über den Sänger aus. Das selbstbewusste Berliner Publikum hatte es bereits in einem anderen Fall geschafft, dass sich ein Künstler bei ihm entschuldigte. Daran war bei Fischer jedoch nicht zu denken. Die Spannung vor der nächsten Vorstellung – diesmal sollte *Tigranes* von Righini aufgeführt werden – wuchs. Die Leitung des Königlichen Opernhauses war zwar über die ausverkaufte Vorstellung erfreut, befürchtete jedoch Tumulte, weshalb zur Wahrung der öffentlichen Ordnung fünf Polizisten abgestellt worden waren. Kurz vor der Vorstellung wurde bekannt, dass Hoffmann sich mit »einem Schwarm seines Anhangs« im Weinlokal Lutter & Wegner auf die Vorstellung eingestimmt habe. Der Sänger gab sich unbeeindruckt, äußerte, sich nicht anfeinden zu lassen, sich aber zu wehren, wenn er mit faulen Äpfeln und dergleichen beworfen werde.

Dann werde er mit allem auf das Publikum werfen, was er auf der Bühne fände. Die Zuschauer unterbanden mit Pfiffen, Schmähworten und anderer Ruhestörung den Auftritt Fischers. Der Unmut brauste bei allen Versuchen, die Aufführung zu retten, wieder auf. Nach einer halben Stunde wurde die Vorstellung abgebrochen und der Saal leerte sich unter lautem Redegeschwirr. In der folgenden Nacht verließ Fischer aufgrund dieses Vorfalls Berlin.

KLEIN ZACHES GENANNT ZINNOBER

Im Frühjahr 1818 erkrankte Hoffmann. In seinen Fieberfantasien entwarf er das satirische Märchen *Klein Zaches:* »Ein hässlicher, dummer kleiner Kerl – fängt alles verkehrt an, – und wie was Apartes geschieht, hat er's getan.« Sein angebliches Vorbild für diesen Wechselbalg war der verwachsene Student Friederici, und auch mit dessen Porträt zeigte Hoffmann, dass er es nicht unterlassen konnte, jede auffällige Figur in einer Karikatur auf das Papier zu bannen. Lea Mendelssohn, die Mutter von Felix und Fanny Mendelssohn, amüsierte sich über Hoffmanns Märchen und schrieb an eine Cousine: »Du kannst Dir keinen angenehmeren Unsinn, kein niedliches dummes Zeug denken: und wiewohl Dir durch den Mangel der Lokalkenntnis manche drollichte Seite entgehen wird (der Held selbst ist ein leibhaftiges Originalzwergchen, das wir täglich umher spazieren sehen) …«

WIRKLICH »SEHR HÄSSLICH«

»Bitte mir gefälligst Auskunft zu geben!«, schrieb Hoffmann an Chamisso. »Gehören die sogenannten Wickelschwänze zum Geschlecht der Affen oder nicht viel mehr der Meerkatzen? – Wie heißt wohl unter diesem Geschlecht der Wickelschwänze eine besondere Art (die sich etwa durch besondere Hässlichkeit auszeichnet und sehr hässlich ist) … Ich brauche einen solchen Kerl!« Chamisso benannte Hoffmann den schwarzen Brüllaffen, Myceltes Beelzebub. – In *Klein Zaches*, wo sich alles Hässliche im Auge des Betrachters ins Schöne wandelt, erkundigt sich ein Besucher des Zoologischen Kabinetts nach dem »hübschen Äfflein«, als das er Zinnober ansieht. Der Aufseher erwidert: »Ja, ein sehr schönes Exemplar, ein vortrefflicher Brasilianer, der sogenannte Myceltes Beelzebub …« Klein Zaches schimpft daraufhin: »Herr, ich glaube, Sie sind wahnsinnig oder neunmal des Teufels. Ich bin kein Beelzebub caudaque, kein Brüllaffe, ich bin Zinnober, der Minister Zinnober …«

CHINESISCHES

Einem Gespräch zwischen Hoffmann und Hitzig über das Chinesische – Hoffmann hatte keinerlei Kenntnis von den Schriftzeichen und dem Klang dieser Sprache – folgte die Konsultation beim italienischen Gelehrten Antonio Montucci, der den beiden etliche Bücher präsentierte, indem er auf der Studienleiter agil auf- und niederstieg und auf Hoffmanns Wunsch ein chinesisches Gedicht unter Betonung der Silben ing, ang, ong vorlas, was Hoffmann possierlich nachahmte. Montucci wurde dann zum Vorbild für die Gestalt des Prosper Alpanus im Märchen *Klein Zaches.*

DIE SERAPIONS-BRÜDER

Für den Ostermesskatalog 1818 kündigte Hoffmanns Verleger Reimer eine Neuerscheinung an: *Die Seraphinen-Brüder. Gesammelte Erzählungen und Märchen.* Da war der Verleger zu optimistisch gewesen. Hoffmann, mit den *Leiden eines Theaterdirektors* befasst, lieferte trotz Zusage kein Manuskript. Reimer wiederholte die Ankündigung im Herbstkatalog. Hoffmann hielt den Verleger mit Versprechungen hin und arbeitete an neuen Geschichten, die er in die Sammlung aufnehmen wollte. Im Frühjahr 1819 erschien dann der erste Band, jetzt unter dem Titel *Die Serapions-Brüder.*

Hitzig war der Ideengeber für einen neuen poetischen Freundeskreis gewesen, der sich einmal in der Woche in Hoffmanns Wohnung traf, um sich über eigene Arbeiten auszutauschen. Hoffmanns Frau Mischa entdeckte in ihrem polnischen Kalender am 14. November den Namenstag des heiligen Serapion, der dem Dichterkreis seinen Namen gab. Neben Hoffmann, Contessa, Hitzig und später, nach der Rückkehr von seiner Weltreise, auch Chamisso gehörte der Arzt und Magnetiseur Koreff dem Kreis an.

Koreff, der Leibarzt des Staatskanzlers Hardenberg, war laut Hitzig der einzige Mensch, dem Hoffmann geduldig zuhörte, weil er ihn an sprudelndem, lebendigem Witz oft und an Kenntnissen immer überbot und Hoffmann zu dem Bonmot animierte, der König hieße darum Friedrich Wilhelm der Dritte, weil die Reihenfolge sei: Koreff der Erste, Hardenberg der Zweite, und dann käme der König.

DIE GEHEIMNISVOLLE TISCHNACHBARIN

Über Koreff machte Hoffmann die Bekanntschaft des Grafen Pückler-Muskau, der später zum Fürsten ohne Fürstentum avancierte. Pückler als »Graf P.« und Koreff als »Dr. K.« standen Pate für die Erzählung *Das öde Haus*.

Der skandal- und sensationsumwitterte Pückler hatte sich 1816, als Einunddreißigjähriger, mit Hardenbergs einundvierzigjähriger Tochter Lucie verlobt, die noch in einer unglücklichen Beziehung mit dem Grafen Pappenheim verheiratet war. Im Hause Hardenberg lebte Lucie mit ihrer Tochter Adelheid und ihrer Pflegetochter Helmine Lanzendorf, die offiziell als das eheliche Kind ihres Kutschers ausgegeben wurde. Hartnäckig hielt sich jedoch das Gerücht, dass das Kind aus einer Beziehung Lucies mit Jean-Baptiste Bernadotte stamme, dem ehemaligen Marschall Napoleons und späteren König von Schweden. Pückler soll sich beim Anblick Helmines sogleich verliebt und nach der Heirat mit Lucie eine

Beziehung mit seiner nunmehrigen Stiefpflegetochter unterhalten haben.

In all diese ihm unbekannten Verhältnisse platzte Hoffmann hinein und wurde bei einem Fest auch noch Tischnachbar der Helmine Lanzendorf. Er unterhielt sich angeregt mit ihr und gab ihr, da sie über immer wieder auftretende Kopfschmerzen klagte, den Rat, dagegen den Schaum vom Schaumweine zu nippen, der jeden Kopfschmerz verjage. Später befragte er seine Freunde Koreff und Pückler zu seiner reizenden Tischnachbarin, die sich jedoch außerstande gesehen haben sollen, eine kurze Antwort zu geben.

GESCHENKE

Mit einem charmanten Brief hatte Hoffmann an Pückler ein Exemplar des *Klein Zaches* gesandt und den »humoristischen Wechselbalg« der »Protektion« des Grafen empfohlen. »Zinnobers Portrait auf dem Deckel ist sehr ähnlich«, schrieb er, »denn da sonst niemand den Kleinen zu Gesicht bekommen konnte als ich selbst, so verfertigte auch ich selbst die Zeichnung.« Pückler erwiderte postwendend, er fühle sich »wie ein Eisen-Stäubchen vom Magnete« zum Hoffmannschen Werke hingezogen, versicherte, dass Zinnober »hier am Hofe, obgleich noch unbekannt, schon als einheimisch angesehen und zu den andern Lieblingen der Phantasie und der Nacht in des Teufels Küche logiert« werde und bedankte sich mit der Übersendung einer Originalzeichnung von Callot.

ENTFÜHRUNG INS WEINLOKAL

Nach einem Abendessen wurde der Publizist Gubitz in einem Gewaltstreich in das Weinhaus von Lutter & Wegner entführt, wo in einem Eckzimmer Hoffmann und der befreundete Schauspieler Ludwig Devrient samt Anhang zechten. Die gesellige Runde nötigte Gubitz zum Mittrinken, der sich mit Strafpredigten revanchierte und seitdem einen Widerwillen gegen Champagner hegte – und gegen Hoffmann auch. Der verarbeitete diesen Spaß später in seiner Erzählung *Die Brautwahl*.

DER TRÄGE MAURER

Während des Baues des neuen Schauspielhauses am Gendarmenmarkt sahen Devrient und seine Gefährten den langsam arbeitenden Maurern zu. Als einer der Maurer phlegmatisch seine Tabaksdose herauszog, reagierte Devrient mit dem Ausruf: »Ich wette, ich trinke eher eine Flasche Champagner aus, als dieser Kerl, der schon die Dose in der Hand hat, dazu kommt, eine Prise zu nehmen.« Devrient gewann die Wette. – Eine stehen gelassene Mauer des alten Schauspielhauses stürzte während des Neubaus ein; dabei wurden ein Arbeiter tödlich und drei andere schwer verletzt. Man gab dem Regierungsbaurat Triest die Schuld an diesem Unglück. Der Regierungsbaurat animierte Hoffmann zu einem »Späßchen« über ideale Eigenschaften eines

Baumeisters: »Er ist fromm und gottesfürchtig, denn er ehrt das Alter und mag sogar alte Mauern nicht antasten, sind sie auch noch so schwächlich.«

BEI LUTTER & WEGNER

Die Freundschaft Hoffmanns mit dem genialen Schauspieler Devrient, der als direkter Nachbar der Hoffmanns in der Taubenstraße gegenüber dem Gendarmenmarkt wohnte, hat zu vielerlei Legenden und Mythen geführt. Das künstlerische Naturell und die Begeisterungsfähigkeit Devrients zogen Hoffmann sofort an, auch ihr gemeinsamer Enthusiasmus für Shakespeare war der Baustein für eine langjährige enge Freundschaft, die durch den gemeinsamen Weingenuss noch befeuert wurde. Das vertrauliche Du zwischen beiden war eine Auszeichnung, mit welcher Hoffmann nicht freigebig war. Bei den ausgesuchten kleinen Gesellschaften, die Hoffmann, etwa an seinen Geburtstagen am 24. Januar, in seinem Hause gab, fehlte Devrient nur selten. Wenn einer oder der andere krank lag, was leider nur zu häufig der Fall war, besuchte ihn der Gesunde. Das verwunderte bei Devrient, der die Gutmütigkeit selbst war, niemanden, bei Hoffmann aber bedeutete es viel. Hoffmann war einer der wenigen, auf deren Urteil Devrient wirkliches Gewicht legte. Die Darstellung des Falstaff gehörte zu Devrients Paraderollen und die scharfe Kritik von Hoffmann kam für ihn unerwartet: »Du hast gespielt wie ein Schwein!« Er habe diesen Falstaff viel zu eindimensional dargestellt. In den nächsten Aufführungen verarbeitete Devrient Hoffmanns

Kritik. – Beim gemeinsamen Weingenuss schütteten sie ihren Witz über aktuelle Opern- und Schauspielaufführungen mit unbarmherziger Schärfe aus. Nach glühenden Punschbacchanalen schnitten die beiden Freunde Teufelsfratzen. Devrient gab gegenüber Gästen gelegentlich vor, dass er nicht immer trinken würde, doch waren sechs Flaschen sein tägliches Quantum. Seine Frau nannte Hoffmann ihren Hausteufel, der Devrient zum Trinken verführe, denn angeblich war die Traube des Weines Hoffmanns Trost und Devrient seine Gesellschaft.

MISSVERSTÄNDNIS – EINVERSTÄNDNIS

Einer immer wieder kolportierten Geschichte zufolge wird einem Zusammentreffen Hoffmanns mit Devrient bei Lutter & Wegner die Schöpfung des Wortes »Sekt« zugeschrieben. – Devrient stand im Schauspielhaus in Shakespeares *Heinrich IV.* als Falstaff auf der Bühne. Ganz in der Manier der Rolle erschien der Mime nach der Vorstellung im Weinhaus, wo ihn schon sein Freund Hoffmann erwartete, und rief überschwänglich zum Kellner: »Bring er mir Sekt, Schurke!« Der Kellner Karl, dem die Bezeichnung des Getränks aus dem Stück, mit dem eine Art Sherry gemeint war, nichts sagte, brachte einfach das, was der Schauspieler meistens orderte: Schaumwein. Devrient war zufrieden, und mit dieser Anekdote verbreitete und verfestigte sich der Name »Sekt« für des Schauspielers Lieblingsgetränk.

VORSCHLAG ABGELEHNT

Hoffmann klagte gegenüber Besuchern über rheumatische Schmerzen. Sie empfahlen ihm die Benutzung eines russischen Dampfbades, worauf er entgegnete: »Da komme ich in eine Stube, die brennend heiß ist, dann in eine andere, die noch heißer ist, zuletzt in das Dampfbad, wo ich fürchterlich schwitze, sodass ich, wenn ich aus dem Bade komme, Russisch spreche und mich selbst nicht verstehe.«

TURNVATER JAHN

In einer schon 1818 anonym erschienenen Anekdote, die Hoffmann zugeschrieben wurde, verspottete der Autor den Begründer der deutschen Turnbewegung, Friedrich Ludwig Jahn, der von einem Besucher einer Menagerie als »wildes Tier« bezeichnet wurde. Abgewandelt findet sich diese Anekdote auch in Hoffmanns Märchen *Klein Zaches,* das auch Lea Mendelssohn amüsiert hatte, die über den Turnvater Jahn berichtete: »Jahn begegnete mir neulich mit einem Bart, wie die polnischen Juden; zum Glück hört man das Ungetüm auf 50 Schritte schreien, und kann ihm, Dank sei es unsern breiten Straßen, zeitig aus dem Wege gehen.«

Hoffmann, der als Richter im Herbst 1819 in die Immediat-Untersuchungs-Kommission zur Ermittlung hochverräterischer Verbindungen gegen die sogenannten

Demagogen berufen wurde, verhörte später den verhafteten Jahn und veranlasste vorerst seine Freilassung, obwohl er diesen Turnkünstler als Person sehr unsympathisch fand.

TRÄUME ALTDEUTSCHER TURNER

Der junge Dichter Willibald Alexis, der als Referendar am Kammergericht arbeitete, erlebte seinen Kollegen Hoffmann auf dem Anwesen Fouqués und beobachtete, wie Hoffmanns sprudelnde Redegabe, die schon beim ersten Wort wie eine Rakete zündete, in eine witzige Unterhaltung mündete und dabei kein anderer zu Worte kam. Hoffmann erzählte von den grotesken Träumen der turnerischen Altdeutschen, von ihren von den Behörden in Beschlag genommenen Papieren. Ob Hoffmann in seinen Berichten aus den Untersuchungsakten seiner eigenen Fantasie freien Spielraum ließ, blieb Alexis verborgen. Der seiner Pflicht bewusste Kammergerichtsrat Hoffmann verriet zwar nichts aus den Akten, berichtete aber über den Turnvater Jahn, der den Mitarbeiter des Außenministeriums, Ancillon, als »Stiefelknecht«, der gerade sprechen gelernt habe, beschimpft hatte. Jahn plädierte zudem für eine Verwüstung des Rheinlandes und wollte eine Wüste zwischen der Schweiz und Holland anlegen und dort Raubtiere aussetzen, »damit kein leichtfüßiger Franzos … in das heilige Deutschland hinüberhüpfen könne.«

HOFFMANNS KATER

Hoffmann sprach seinem Kater, den er selbst aufgezogen hatte, »die wunderbare Gabe« zu, »durch das einzige Wörtchen ›Miau‹ Freude, Schmerz, Wonne und Entzücken, Angst und Verzweiflung, kurz, alle Empfindungen und Leidenschaften auszudrücken. Was ist die Sprache der Menschen gegen dieses einfachste aller einfachen Mittel, sich verständlich zu machen!« Er war auch stolz auf die Klugheit seines Katers, der in der Regel im Schubkasten des Schreibtisches seines Herrn ruhte und ihm treu zur Seite stand, wenn der Bote des Kammergerichts Akten abholte, die Hoffmann durchgelesen haben sollte, aber nicht gelesen hatte. Damit der Bote die Seiten auf dem Pult nicht lesen konnte, legte der Kater seine Pfoten auf die Papiere, die sich anstatt mit Jura mit Ästhetik beschäftigten. Er ist das Vorbild für Hoffmanns Doppelroman *Lebensansichten des Katers Murr nebst fragmentarischer Biografie des Kapellmeisters Johannes Kreisler in zufälligen Makulaturblättern,* dessen erster Band Ende 1819 erschien, mit Einbandzeichnungen Hoffmanns, auf denen auch der Kater abgebildet ist. – Hitzig hatte während Hoffmanns Kuraufenthalt in Warmbrunn Korrektur gelesen. Bei seiner Rückkehr beschenkte Hoffmann ihn mit einem Kristallpokal, in den er den Kater nach eigener Zeichnung hatte schneiden lassen, mit der Umschrift »Der junge Autor seinem viel geliebten Korrektor«.

MAKABER

Ein übles Spiel erlaubte sich Hoffmann mit seiner gutmütigen Frau, als er ein gemaltes Selbstporträt in Lebensgröße mit einem Strick um den Hals vor dem Fenster hinter den Blumentöpfen aufhängte. Die arme Mischa Hoffmann drohte in Ohnmacht zu fallen beim Anblick ihres, vermeintlich, erhängten Gatten, ehe sie den makabren Scherz durchschaute.

MOZARTS SOHN IN BERLIN

Hoffmann war als Komponist, Musiker und Musikkritiker zeit seines Lebens ein glühender Bewunderer Wolfgang Amadeus Mozarts gewesen. Der frühe Tod des Komponisten – Hoffmann war erst fünfzehn Jahre alt – verhinderte eine persönliche Begegnung. Umso größer war Hoffmanns Freude, als einer der beiden Söhne Mozarts – von den sechs Kindern hatten nur zwei die Kinderzeit überlebt –, der zur damaligen Zeit berühmte Komponist und Klaviervirtuose Franz Xaver Wolfgang Mozart, auf seiner ausgedehnten Konzertreise quer durch Europa in Berlin gastierte. Hoffmann war vom Konzertbesuch entzückt, lud danach den Pianisten ein, bewirtete ihn mit Champagner, trug sich mit dem Datum 20. Januar 1820 in Mozarts Stammbuch ein und notierte einen vierstimmigen Kanon auf die Worte »Schwer ist die Kunst und kurz das Leben«.

BEETHOVEN SCHREIBT AN HOFFMANN

Der Weinvertreter Adam Neberich überbrachte Hoffmann im Frühjahr 1820 einen Brief Beethovens, der nach einem Gespräch über Hoffmann entstand, worauf Beethoven in seinem Konversationsheft notierte: »Hofmann – Du bist kein Hof-mann.« Hoffmanns Freude über folgende Briefzeilen des verehrten Meisters war groß: »Sie nehmen also, wie ich glauben muß, einigen Antheil an mir, Erlauben Sie mir zu sagen, daß dieses, von einem mit So ausgezeichneten Eigenschaften begabten Manne ihres gleichen, mir sehr wohl thut. Ich wünsche Ihnen alles Schöne u. Gute.«

AUSREDEN UND ANEKDOTEN

Hoffmann war zu einem begehrten und hoch bezahlten Autor avanciert, dessen Erzählungen in den beliebten Taschenbüchern und Almanachen erschienen. Ein besonderer Erfolg war die Novelle *Das Fräulein von Scuderi*, die im *Taschenbuch für das Jahr 1820. Der Liebe und Freundschaft gewidmet* der Gebrüder Wilmans erschien, die Hoffmann zusätzlich zum Honorar eine wertvolle Weinkiste schickten. Für neue Erzählungen verlangte Hoffmann hohe Vorschüsse, die ihm die Verleger gern zahlten, doch nicht immer hielt der viel beschäftigte Autor die Abgabetermine ein. Auf Nachfrage des Taschenbuch-Redakteurs Stephan Schütze, wann er die angekündigte Erzählung *Datura fastuosa* endlich abschicke, behauptete Hoffmann, »der Stiefelwichser hätte aus reiner Faulheit mehrere Briefe unterschlagen«. Schütze besuchte im Auftrag seines Verlegers den kränkelnden Hoffmann, der ihm in seinem Bett wie ein »hexenartiges Zaubermännchen« vorkam. Mischa Hoffmann musste ihrem Gatten Tee servieren, dem er Rum zufügte. Hoffmanns Augen wurden immer feuriger, seine Unterhaltung nahm an Lebendigkeit zu. Eine Menge von Anekdoten und Geschichten tischte er seinem Gast auf. »Dabei zeigte sich«, so Schütze, »dass es ihm nicht etwa um Unterhaltung und Witz, sondern um das Lustige selbst mit zu seiner eigenen Belustigung zu tun war.«

DER FREISCHÜTZ

Am 18. Juni 1821 wurde Carl Maria von Webers *Freischütz* als erste Oper im neuen Schauspielhaus unter der Leitung des Komponisten selbst mit großem Erfolg uraufgeführt. Auch Hoffmann war zugegen, der Weber schon aus Bamberger Tagen kannte. Bei der anschließenden Premierenfeier im Restaurant Jagor verschwand er nach dem Souper plötzlich unter dem Tisch – und tauchte grinsend vor Weber wieder auf – mit einem Lorbeerkranz, mit dem er den Komponisten krönte. – Die angeblich versprochene Rezension über den *Freischütz,* auf die Weber begierig wartete, blieb Hoffmann ihm allerdings schuldig.

EIN TODKRANKER PATIENT

Der Schriftsteller August Klingemann besuchte 1821 gemeinsam mit Devrient den berühmten Hoffmann, der sie im bunten Schlafrock empfing und seinen Gästen Portwein servierte. Nach anfänglichem Geplauder wirkte der Gastgeber sehr ernst und betrübt und kam auf das bittere Schicksal eines Schwerkranken zu sprechen, dem die Ärzte keine Hoffnung mehr machten. Klingemann erkundigte sich anteilnehmend, ob der Patient zur Familie oder näheren Freundschaft gehöre. Hoffmanns öffnete daraufhin die Tür zu einem Nebenzimmer – und wies auf seinen schlummernden Kater. Klingemann vermutete eher einen satirischen Scherz Hoffmanns, doch Devrient beteuerte beim Abschied den bitteren Ernst Hoffmanns, der mit seinem leidenden Kater in magischer Verbindung stehe und der niemand anders sei als der den Lesern bekannte und zum poetischen Charakter erhobene Kater Murr.

Als sein Kater nachts winselte, begab sich Hoffmann zu ihm, der ihn mit »menschlichen Blicken« ansah und um sein Leben zu bitten schien. Nach vergeblichen Rettungsversuchen durch Ärzte der Tierarzneischule starb der Kater Ende November, worauf Hoffmann Todesanzeigen an die engsten Freunde verschickte: »In der Nacht vom 29t bis zum 30t Novbr. d.J. entschlief nach kurzem aber schweren Leiden, zu einem bessern Dasein mein geliebter Zögling der Kater Murr im vierten Jahr seines hoffnungsvollen Alters, welches ich teilnehmenden Gönnern und Freunden ganz ergebenst anzuzeigen nicht ermangle. Wer den verewigten Jüngling kannte, wird meinen tiefen Schmerz gerecht finden und ihn – durch Schweigen ehren. Hoffmann«

Die Enkel Hippels besaßen die letzten Schriftzüge, Kleckse und Striche von Hoffmanns geliebtem Kater Murr, die sich nun in der Bamberger Staatsbibliothek befinden.

SATIRE AUF DIE JURISTISCHE BÜROKRATIE

Zum 1. Dezember 1821 wurde Hoffmann befördert und in den Oberappellationssenat des Kammergerichts versetzt. Seine Erfahrungen als Richter in der Immediat-Kommission im Rahmen der Demagogenverfolgung verarbeitete er sowohl literarisch als auch zeichnerisch. Eines seiner satirischen Blätter zeigt Hoffmann auf dem Kater Murr reitend, im Kampf mit der Bürokratie. In seinen Roman *Lebensansichten des Katers Murr* fügte er eine Kritik am gesetzwidrigen Vorgehen des Direktors des Polizeiministeriums K. A. v. Kamptz in Form einer Tiersatire ein. Der Hofhund Achilles vertreibt darin mit der Hilfe von Hundekreaturen die auf den Dächern singenden demagogischen Katzburschen, und ein Professor der Ästhetik plädiert dafür, dem ungezügelten Treiben exaltierter Jugend mit offener Gewalt entgegenzutreten, weil die Gestaltung der Dinge zum äußeren Wohl es erfordere.

EINE STAATS- UND ZENSURAFFÄRE

Schon im März 1820 bot Hoffmann seinem Verleger Wilmans ein harmloses Weihnachtsmärchen an, das er aber erst im August 1821 unter dem Titel *Meister Floh* zu schreiben begann. Die Fertigstellung verzögerte sich durch Krankheit und die Weiterarbeit an den *Lebensansichten des Katers Murr.* Anfang 1822 erzählte Hoffmann mehreren seiner Bekannten von der im *Meister Floh* eingefügten Satire auf den Direktor des Polizeiministeriums K. A. v. Kamptz und die Demagogenverfolgung. Der mit Kamptz bekannte und gut unterrichtete Varnhagen schrieb in seinen Tagesbemerkungen: »Hoffmann schreibt an einem humoristischen Buch, in dem die ganze demagogische Geschichte fast wörtlich aus den Protokollen lächerlich gemacht wird.« Auch Kamptz kam dieses Gerücht zu Ohren, der darauf sofort den Verleger recherchierte und polizeiliche Ermittlungen einleitete. Hitzig attestierte Hoffmann eine »völlige Rücksichtslosigkeit in Beziehung auf die Folgen, wenn es galt, einem witzigen Einfalle Luft zu machen«, so auch im Falle des Märchens vom Meister Floh, das er »mit Ausdrücken staffierte, die er aus, mit Recht geheim gehaltenen, ihm nur durch sein Amt zugänglich gewordenen, Akten geschöpft«. Nur leicht verhüllt karikierte Hoffmann darin seinen Widersacher Kamptz als »Hofrat Knarrpanti«. Letztendlich wurde das Manuskript beim Verleger in Frankfurt beschlagnahmt und in Berlin zensiert. Hoffmann hatte zuvor erfahren, dass wegen des Märchens gegen ihn ermittelt wurde, und bat seinen Verleger Wilmans um Streichung der verfänglichen Manuskriptstellen; doch auch dieser Brief wurde von den preußischen Behörden beschlagnahmt und als angebliches Schuldeingeständnis Hoffmanns bewertet. Varnhagen dokumentierte in seinen Tagesbemerkungen, dass Hoffmann diese Nachricht frohen Muts empfangen und sich derb über die Leute, die ihm etwas anhaben möchten, geäußert habe; »sie könnten ihn Alle …«. Der furchtlose, aber schwer kranke Hoffmann diktierte eine poetologische Verteidigungsschrift gegen die Vorwürfe der gebrochenen Amtsverschwiegenheit und Verletzung der Majestätstreue und wurde zu Hause verhört. Ein Gerichtsverfahren war zwar nicht möglich, doch drohte ihm ein Schreibverbot und die Versetzung ins ostpreußische Insterburg, was sein früher Tod verhinderte.

IN DER MATRATZENGRUFT

Hoffmann verbrachte seinen letzten Geburtstag schon gefesselt an den Lehnstuhl und trank nur Selterswasser, während er Hippel und seinen anderen Gästen die köstlichsten Weine servierte. Man sprach auch über Leben und Tod, worauf Hoffmann entgegnete: »Nein, nein, leben, leben, nur leben – unter welcher Bedingung es auch sein möge!« – Anfang April 1822 erschien die zensierte Buchausgabe des *Meister Floh,* worin der Floh nicht mehr so blutig stechen sollte, als die preußische

Regierung befürchtete. – Hoffmanns Krankheit verschlimmerte sich. Gelähmt konnte er nur noch vom Bett aus diktieren, so auch sein Testament. Hitzig fand den Freund in fröhlicher Stimmung vor, der sich auf dem Weg der Besserung wähnte. Als sich Hippel von Hoffmann verabschiedete, kam es zu einer bewegenden Szene, denn Hoffmann akzeptierte diesen Abschied nicht und fühlte sich vom Freund verlassen. – In den letzten Monaten waren auch Hoffmanns Hände gelähmt, sodass er einen Schreiber engagierte, der den Schlaflosen auch nachts als Krankenwärter pflegte und dem er seine letzten Erzählungen diktierte, darunter *Des Vetters Eckfenster,* wo er den Blick über den Theaterplatz und das Markttreiben schweifen und seine eigene, bittere Erfahrung einfließen ließ: »Ein einziger Bissen mehr … das kleinste Stückchen des verdaulichsten Fleisches verursacht mir die entsetzlichsten Schmerzen und raubt mir allen Lebensmut und das letzte Fünkchen von guter Laune, das hin und wieder noch aufglimmen will.«

DAS ENDE

Mit einer radikalen medizinischen Behandlung versuchten die Ärzte, bei dem bis zum Hals gelähmten Hoffmann noch einmal die Lebenskräfte zu erwecken: durch Brennen mit einem glühenden Eisen an beiden Seiten des Rückgrats. Als nach dieser schmerzhaften Prozedur Hitzig seinen Freund am Krankenbett besuchte, rief Hoffmann ihm entgegen: »Riechen Sie nicht noch den Bratengeruch?« Auch sei ihm während des Brennens eingefallen, dass sein Widersacher, der Polizeiminister Schuckmann, »ihn plombieren lasse«, damit er »nicht als Contrebande durchschlüpfe«.

Am frühen Morgen des 25. Juni 1822 fingen die Wunden seines zerfleischten Rückens zu bluten an. Mit dem Gesicht zur Wand gekehrt starb E.T.A. Hoffmann. Drei Tage später wurde er auf dem dritten Kirchhof der Jerusalems-Gemeinde am Hallischen Tor beigesetzt; den Grabstein stifteten seine Freunde.

TRINKSCHULDEN

Unter dem versteigerten Nachlass von Hoffmann befanden sich auch etliche Weinflaschen, denn er legte stets Wert auf allerbeste, teure Weine. Nach Vermittlung seines Freundes und Nachlassverwalters Hitzig verzichtete das Weinrestaurant Lutter & Wegner auf die Begleichung von Hoffmanns offener Weinrechnung über tausendeinhundertsechzehn Reichstaler – sein Jahresgehalt betrug tausendsechshundert Reichstaler. Lutter & Wegner konnte sich durchaus kulant zeigen, hatte der berühmte Stammgast Hoffmann doch zahlreiche Gäste in das Lokal gelockt.

GOETHES URTEIL

Der politische Wirbel um den *Meister Floh* erreichte noch zu Hoffmanns Lebzeiten auch Weimar, und so las Herzog Carl August Hoffmanns Märchen, das ihn amüsierte, und schickte das Buch umgehend seinem Minister Goethe zu, dem es »viel Vergnügen« verschaffte; es war das erste Buch, das Goethe von Hoffmann las. Sein Sohn, August von Goethe, berichtete seiner Frau, der Hoffmann-Sympathisantin Ottilie: »Hoffmann, der Floh, Katzen- und anderer Dichter, ist tot; sein Leichenzug, von ihm selbst beschrieben, macht das fidele Ende seiner nächstens in einer Prachtausgabe Ottiliens von Goethe dedizierten Werke aus.« Ottilie las dann auch Hitzigs Biografie *Aus Hoffmanns Leben und Nachlass,* während sich Goethe, ihr Schwiegervater, Hoffmanns Märchen *Der goldne Topf* in der Übersetzung von Thomas Carlyle – *The Golden Pot* – zu Gemüte führte, dessen deutsches Original er nicht kannte: »Den goldenen Becher angefangen zu lesen. Bekam mir schlecht; ich verwünschte die goldnen Schlängelein.«

HEINE: TEILS, TEILS

Der junge Heinrich Heine, der über die vorausgegangene Zensuraffäre einigermaßen informiert war, kritisierte 1822 in seinen *Briefen aus Berlin* ausführlich Hoffmanns *Meister Floh:* »Das erste Kapitel ist göttlich, die übrigen sind unerquicklich. Das Buch hat keine Haltung, keinen großen Mittelpunkt, keinen innern Kitt. … Die Strenge und Bitterkeit, womit ich über diesen Roman spreche, rührt eben daher, weil ich Hoffmanns frühere Werke so sehr schätze und liebe. Sie gehören zu den merkwürdigsten, die unsere Zeit hervorgebracht. Alle tragen sie das Gepräge des Außerordentlichen. … *Prinzessin Brambilla* ist eine gar köstliche Schöne, und wem diese durch ihre Wunderlichkeit nicht den Kopf schwindlicht macht, der hat gar keinen Kopf. Hoffmann ist ganz original.«

PIKANTE BELLETRISTIK

Lange Zeit wurde Hoffmann der 1815 erstmals anonym erschienene erotische Roman *Schwester Monika* zugeschrieben, der es wohl auch durch diese Behauptung geschafft hat, zu einem Klassiker der erotischen Weltliteratur zu werden. Der Streit um die Autorschaft Hoffmanns entbrannte vollends aufgrund eines Aufsatzes des Hoffmann-Kenners Hans von Müller, der 1911 in der *Zeitschrift für Bücherfreunde* die wesentlichen Argumente entkräftete, mit denen Hoffmann als Schöpfer des Werkes benannt worden war. Antiquariate und entsprechende Plattformen führen eine Vielzahl von Ausgaben des sich immer noch großer Beliebtheit erfreuenden Buches, in denen Hoffmann noch ausdrücklich als Autor genannt ist. Indes herrscht beim gegenwärtigen Stand der E.T.A-Hoffmann-Forschung die einhellige Meinung, dass Hoffmann vieles war, jedoch nicht der Urheber dieses Romans.

1776 24. Januar: Ernst Theodor Wilhelm Hoffmann wird in Königsberg (Preußen) geboren. Aus Verehrung für Mozart wandelte er später den Vornamen Wilhelm in Amadeus um.

1778 Trennung der Eltern. Hoffmann zieht mit seiner Mutter ins Haus der Großmutter Doerffer.

1781/82 Schulbesuch in der reformierten Burgschule in Königsberg bis 1792. Musik- und Zeichenunterricht.

1786 Bekanntschaft und lebenslange Freundschaft mit Theodor Gottlieb von Hippel.

1792–1795 Studium der Rechte an der Universität Königsberg.

1794 Liebesbeziehung zu seiner Musikschülerin Dora Hatt.

1795 Erstes juristisches Examen und Anstellung bei der Regierung in Königsberg.

1796 Tod seiner Mutter und Umzug zu seinem Patenonkel Johann Ludwig Doerffer nach Glogau.

1798 Verlobung mit seiner Cousine Minna Doerffer. Zweites juristisches Examen und Versetzung als Referendar an das Berliner Kammergericht. Musikunterricht beim Komponisten J.F. Reichardt.

1799 Dichtung und Komposition des Singspiels *Die Maske.*

1800 Drittes juristisches Examen und Ernennung zum Assessor am Obergericht in Posen.

1802 Aufhebung des Verlöbnisses mit Minna Doerffer. Die Ernennung zum Rat bei der Regierung in Posen wurde nicht vollzogen, da Hoffmann nach Płock strafversetzt wird. Am 26. Juli 1802 Heirat mit Marianna Thekla Michaelina Rorer.

1803 Hoffmanns erste gedruckte Schrift, *Schreiben eines Klostergeistlichen*, erscheint im *Freimütigen.*

1804 Versetzung nach Warschau. Beginn der Freundschaft mit Zacharias Werner und J.E. Hitzig, der Hoffmann auf wichtige Autoren der Romantik hinweist.

1805 Aufführung seines Singspiels *Die lustigen Musikanten*. Gründung der Musikalischen Gesellschaft und Aufführung seiner Es-Dur-Symphonie. Juli: Geburt der Tochter, Cäcilia.

1806 Einzug der napoleonischen Armee in Warschau. Durch die Auflösung der südpreußischen Regierung in Warschau wird Hoffmann stellungslos.

1807 Mitte August: Tod der Tochter in Posen.

1807–1808 Zweiter Berliner Aufenthalt.

1808 1. September: Übersiedlung nach Bamberg als Musikdirektor und Kapellmeister. Aufgabe seiner Dirigententätigkeit.

1809 Hoffmann lebt von Musikstunden und wird Mitarbeiter an der *Allgemeinen Musikalischen Zeitung* in Leipzig, wo am 15. Februar seine Erzählung *Ritter Gluck* erscheint. 30. März: Bekanntschaft mit dem Weinhändler und späteren Verleger Kunz.

1810 Mitarbeit am Bamberger Theater unter Holbein. Hoffmanns Rezension zu Beethovens fünfter Sinfonie erscheint.

1811 Leidenschaftliche Zuneigung zu seiner Gesangsschülerin Julia Mark.

1813 Vertragsabschluss mit dem Verleger Kunz über seine *Fantasiestücke in Callots Manier.* Hoffmann nimmt das Angebot vom Theaterdirektor Joseph Seconda an, Kapellmeister in Dresden zu werden.

1813–1814 Wechselnde Aufenthalte in Dresden und Leipzig. Komposition seiner bereits in Bamberg konzipierten Oper *Undine.* Entstehung des Märchens *Der goldne Topf* und des Romans *Die Elixiere des Teufels.*

1814 Zwist und Entlassung durch Seconda. Erscheinen der ersten beiden Bände der *Fantasiestücke* bei Kunz in Bamberg. 26. September: Umzug nach Berlin, ab 1. Oktober Rückkehr in den Staatsdienst. Zum Freundeskreis gehören Hitzig, Fouqué, Chamisso, Koreff, Contessa und Tieck. 12. Oktober: Gründung des Seraphinenordens (Vorläufer des Serapionsklubs). 31. Oktober: Versetzung in den Kriminalsenat des Kammergerichts. Ende Oktober erscheint *Der goldne Topf* als dritter Band der *Fantasiestücke.*

1815 2. Januar: Hoffmann erhält volles Votum beim Kammergericht. Fertigstellung der Erzählung *Die Abenteuer der Silvesternacht*. Im April Beginn der engen Freundschaft mit dem Schauspieler Ludwig Devrient. Am 1. Juli zieht das Ehepaar Hoffmann in seine endgültige Wohnung in der Taubenstraße 31 am Gendarmenmarkt. Mitte September 1815 erscheint der erste Band der *Elixiere des Teufels.*

1816 22. April: Ernennung zum Kammergerichtsrat im Instruktionssenat. 3. August: Uraufführung seiner Oper *Undine* im Schauspielhaus. September: Hoffmann führt die Vernehmung der Helmina von Chézy und erreicht deren Freisprechung. Der erste Teil der *Nachtstücke* mit dem *Sandmann* erscheint. Oktober: freundschaftlicher Verkehr mit Carl Maria von Weber. Dezember: Das erste Bändchen der *Kinder-Märchen* mit Hoffmanns *Nussknacker und Mausekönig* und weiteren Märchen von Contessa und Fouqué erscheint.

1817 29. Juli: Brand des Schauspielhauses und Vernichtung der Dekorationen und Kostüme der *Undine,* die zu Hoffmanns Lebzeiten nicht mehr aufgeführt wird. Ab dem Herbst mit Devrient Stammgast im Weinlokal Lutter & Wegner.

1818 Februar: Der Verleger Reimer schlägt Hoffmann vor, gesammelte Erzählungen und Märchen unter dem vorläufigen, von Hoffmann stammenden Titel *Die Seraphinen-Brüder* in Buchform herauszubringen. Mai bis Juni: schwere Erkrankung Hoffmanns, der danach einen jungen Kater als Hausgenossen aufnimmt, den er »Murr« nennt. 14. November: Am Serapionstag Gründung des literarischen Freundeskreises der *Serapions-Brüder,* zu denen neben Hoffmann auch Hitzig, Contessa und Koreff gehören.

1819 Januar: Das Märchen *Klein Zaches genannt Zinnober* erscheint beim Verleger Dümmler. Der erste Band der *Serapions-Brüder* erscheint bei Reimer. 7. Mai: Gehaltszulage von hundert Reichstalern ergibt ein Jahresgehalt von tausenddreihundert Reichstalern. Mai bis Juni: Arbeit an den *Lebensansichten des Katers Murr.* Juli bis September: Kuraufenthalt zusammen mit seiner Frau im schlesischen Warmbrunn. September: Der zweite Band der *Serapions-Brüder* erscheint. 1. Oktober: Hoffmann wird Mitglied der von König Friedrich Wilhelm III. eingesetzten Immediat-Untersuchungs-Kommission zur Ermittlung von »hochverräterischen Verbindungen und anderen gefährlichen Umtrieben«. Er verhört verhaftete sogenannte Demagogen und verfasst zahlreiche Gutachten (Voten). Oktober bis November: Arbeit an *Kater Murr.* 19. November: Der seit dem 14. Juli verhaftete Turnvater Jahn strengt eine Beleidigungsklage gegen den Direktor im Polizeiministerium Kamptz an. 28. November: Der Justizminister Kircheisen weist die Immediat-Kommission an, das eingeleitete Verfahren Jahn gegen Kamptz einzustellen. Anfang Dezember: Der erste Band der *Lebensansichten des*

Katers Murr erscheint bei Dümmler. 28. Dezember: Bekanntschaft mit dem konzertierenden Franz Xaver Mozart.

1820 10. Januar: Hoffmann protestiert gegen den Befehl des Justizministers, die Klage Jahns gegen Kamptz einzustellen. 18. Februar: Hoffmann beendet sein umfangreiches Gutachten über den inhaftierten Jahn und fordert dessen Freilassung. 12. Mai: Nach der ablehnenden Beurteilung des Jahn-Gutachtens durch Kamptz verfasst Hoffmann ein neues Votum. 18. Mai: Erneutes Schreiben an den Justizminister, in dem Hoffmann auf die Freilassung von Jahn drängt. Anfang Juni: Bekanntschaft mit dem Komponisten und neuen Generalmusikdirektor Gaspare Spontini. Sommer 1820: Hoffmann wird Mitglied der Gesetzlosen Gesellschaft. September: Der dritte Band der *Serapions-Brüder* erscheint bei Reimer. Oktober: Das Capriccio *Prinzessin Brambilla* erscheint bei Max in Breslau. Erste Dezemberhälfte: Erkrankung Hoffmanns.

1821 19. Januar: Hoffmann beendet seine deutsche Übersetzung von Spontinis Oper *Olimpie.* Mai: Erscheinen des vierten und letzten Bandes der *Serapions-Brüder.* Hoffmann rückt in den Oberappellationssenat des Kammergerichts auf. 30. November: Kater Murr stirbt. Mitte Dezember: Der zweite Band des Doppelromans *Kater Murr* erscheint bei Dümmler.

1822 Januar: Hoffmann erzählt Bekannten von seiner Demagogensatire im Märchen *Meister Floh.* Beginn seiner tödlichen Krankheit. Beschlagnahmung des Manuskripts *Meister Floh* durch die preußischen Behörden. Vernehmung des gelähmten Hoffmanns. Disziplinarverfahren wegen der satirischen Knarrpanti-Episoden. Die zensierte Buchfassung erscheint Anfang April bei Wilmans in Frankfurt am Main. Hoffmann stirbt am Vormittag des 25. Juni 1822 und wird am 28. Juni auf dem Kirchhof der Jerusalems-Gemeinde vor dem Halleschen Tor beigesetzt.

1858 27. Januar: Tod von Michaelina Hoffmann in Warmbrunn.

LITERATURVERZEICHNIS
(Auswahl)

Arnold, Heinz Ludwig (Hrsg.): E.T.A. Hoffmann, Text + Kritik, Zeitschrift für Literatur, Sonderband, München 1992.

Braun, Peter: E.T.A. Hoffmann, Dichter, Zeichner, Musiker, Biographie, Düsseldorf 2004.

Braun, Peter: E.T.A. Hoffmann in Bamberg, Bamberg 2014.

Chézy, Helmina von: Unvergessenes, Denkwürdigkeiten aus dem Leben von Helmina von Chézy, von ihr selbst erzählt, Theil 2, Leipzig 1858.

Deterding, Klaus: Die Poetik der inneren und äußeren Welt bei E.T.A. Hoffmann, Zur Konstitution des Poetischen in den Werken und Selbstzeugnissen, Frankfurt am Main 1991.

Ellinger, Georg: E.T.A. Hoffmann, Sein Leben und seine Werke, Hamburg und Leipzig 1864.

Ettelt, Wilhelm: E.T.A. Hoffmann, Der Künstler und Mensch, Würzburg 1981.

Feldges, Brigitte/Stadler, Ulrich: E.T.A. Hoffmann, Epoche – Werk – Wirkung, München 1986.

Fühmann, Franz: Fräulein Veronika Paulmann aus der Pirnaer Vorstadt oder Etwas über das Schauerliche bei E.T.A. Hoffmann, Rostock 1979.

Günzel, Klaus: E.T.A. Hoffmann, Leben und Werk in Briefen, Selbstzeugnissen und Zeitdokumenten, Bibliographie, Berlin 1976.

Hagestedt, Lutz: Das Genieproblem bei E.T.A. Hoffmann, Eine Interpretation seiner späten Erzählung »Des Vetters Eckfenster«, München 1991.

Harich, Walther: E.T.A. Hoffmann, Das Leben eines Künstlers, Erster Band, Berlin 1920.

Hesse, Bernd: Reflexion und Wirkung der juristischen Tätigkeit im Werk E.T.A. Hoffmanns, »Dem im irdischen Leben befangenen Menschen ist es nicht vergönnt, die Tiefe seiner eignen Natur zu ergründen«, Frankfurt am Main 2009.

Heilborn, Ernst: E.T.A. Hoffmann, Der Künstler und die Kunst, Berlin 1926.

Hitzig, Julius Eduard: Aus Hoffmann's Leben und Nachlass, Zweiter Theil, Berlin 1823.

Hoffmann, Ernst Theodor Amadeus: Sämtliche Werke in sechs (sieben) Bänden, herausgegeben von Hartmut Steinecke und Wulf Segebrecht, Frankfurt am Main, 1985–2004.

Günther, Hans: E.T.A. Hoffmanns Berliner Zeit als Kammergerichtsrat, Über den Dichterjuristen, speziell in Sachen »Turnvater Jahn« – von einem Kollegen und heutigen Kammergerichtsrat a.D., Berlin 1976.

Keil, Werner: E.T.A. Hoffmann als Komponist, Studien zur Kompositionstechnik an ausgewählten Werken, Wiesbaden 1986.

Kleßmann, Eckart: E.T.A. Hoffmann oder Die Tiefe zwischen Stern und Erde, Eine Biographie mit zeitgenössischen Abbildungen, Frankfurt am Main, Leipzig 1995.

Kremer, Detlef (Hrsg.): E.T.A. Hoffmann, Leben – Werk – Wirkung, Berlin, New York 2009.

Maassen, Carl Georg von (unter dem Pseudonym Schollenheber, Wilhelm Heinrich): E.T.A Hoffmanns Persönlichkeit, Anekdoten, Schwänke und Charakterzüge, aus dem Leben des Kammergerichtsrats, Dichters und Kapellmeisters Ernst Theodor Amadeus Hoffmann, nach Mitteilungen seiner Zeitgenossen aus den Quellen zusammengetragen und an das Licht gestellt, München 1922.

Mangold, Hartmut: Gerechtigkeit durch Poesie, Rechtliche Konfliktsituationen und ihre literarische Gestaltung bei E.T.A. Hoffmann, Wiesbaden 1989.

Matt, Peter von: Die Augen der Automaten, E.T.A. Hoffmanns Imaginationslehre als Prinzip seiner Erzählkunst, Tübingen 1971.

Müller, Hans von: E.T.A. Hoffmann im persönlichen und brieflichen Verkehr, Sein Briefwechsel und die Erinnerungen seiner Bekannten, Erster Band, Hoffmann und Hippel, Das Denkmal einer Freundschaft, Berlin 1912.

Müller, Hans von: Die erste große Liebe des Ernst Theodor Hoffmann, Mit einigen Nachrichten über die Familien Schlunck und Flottwell, Hatt und Siebrandt nach den Quellen dargestellt, Heidelberg 1955.

Müller, Hans von: Gesammelte Aufsätze über E.T.A. Hoffmann, herausgegeben von Friedrich Schnapp, Hildesheim 1974.

Petzel, Jörg: Teufelspuppen, brennende Perücken, Magnetiseure, Hüpf- und Schwungmeister, E.T.A. Hoffmann in Berlin, Frankfurt (Oder) 2015.

Reuchlein, Georg: Das Problem der Zurechnungsfähigkeit bei E.T.A. Hoffmann und Georg Büchner, Zum Verhältnis von Literatur, Psychiatrie und Justiz im frühen 19. Jahrhundert, Frankfurt am Main, Bern, New York 1985.

Safranski, Rüdiger: E.T.A. Hoffmann, Das Leben eines skeptischen Phantasten, München, Wien 1984.

Schnapp, Friedrich (Hrsg.): E.T.A. Hoffmanns Briefwechsel, gesammelt und erläutert von Hans von Müller und Friedrich Schnapp, 3 Bände, München 1967–1969.

Schnapp, Friedrich (Hrsg.): E.T.A. Hoffmann, Juristische Arbeiten, München 1973.

Schnapp, Friedrich: E.T.A. Hoffmann in Aufzeichnungen seiner Freunde und Bekannten, Eine Sammlung von Friedrich Schnapp, München 1974.

Schönebeck, Erich: Der gefährliche Floh, Eine Novelle um E.T.A. Hoffmanns letzte Tage, Berlin 1953.

Segebrecht, Wulf: Autobiographie und Dichtung, Eine Studie zum Werk E.T.A. Hoffmanns, Stuttgart 1967.

Segebrecht, Wulf: Heterogenität und Integration, Studien zu Leben, Werk und Wirkung E.T.A. Hoffmanns, Frankfurt am Main, Berlin, Bern, New York, Paris, Wien 1996.

Sembdner, Helmut: Assessor Hitzig, Kriegsrat Peguilhen und Heinrich von Kleist, Eine Berliner Episode, Heilbronn 1994.

Steinecke, Hartmut: E.T.A. Hoffmann, Stuttgart 1997.

Steinecke, Hartmut: Die Kunst der Fantasie, E.T.A. Hoffmanns Leben und Werk, Frankfurt am Main 2004.

Triebel, Odila: Staatsgespenster, Fiktionen des Politischen bei E.T.A. Hoffmann, Köln, Weimar, Wien 2003.

Uhrig, Dieter: E.T.A. Hoffmann, Sein Leben in Bildern, Leipzig 1961.

Wittkop-Ménardeau, Gabrielle: E.T.A. Hoffmann mit Selbstzeugnissen und Bilddokumenten, Reinbek bei Hamburg 1966.

Wohlhaupter, Eugen: Dichterjuristen, Band 2, Tübingen 1955.

PERSONENVERZEICHNIS

Alexis, Willibald, Pseudonym für Wilhelm Häring (1798–1871), Jurist, Schriftsteller und Publizist.

Ancillon, Friedrich (1767–1837), Prediger und Professor der Geschichte.

Atterbom, Per Daniel Amadeus (1790–1855), schwedischer Dichter und Literaturhistoriker.

Beethoven, Ludwig van (1770–1827), Komponist.

Berlioz, Hector (1803–1869), französischer Komponist.

Bernhardi, August Friedrich (1769–1820), Sprachforscher und Schriftsteller.

Philippine Bessel (1776–1820), Schauspielerin und Sängerin.

Bonaparte, Napoleon (1769–1821), General, ab 1804 als Napoleon I. Kaiser der Franzosen.

Briest, Philipp von (1749–1822), Rittergutsbesitzer und Schwiegervater von Friedrich da la Motte Fouqué.

Carl August (1757–1828), Großherzog von Sachsen-Weimar-Eisenach.

Carlyle, Thomas (1795–1881), britischer Schriftsteller.

Chamisso, Adelbert von (1781–1838), Dichter und Naturforscher.

Chézy, Helmina von (1783–1856), Schriftstellerin und Dichterin.

Contessa, Karl Wilhelm Salice (1777–1825), Dichter der Romantik, Freund Hoffmanns.

Doerffer, Johanna Sophia (1745–1803), Tante Hoffmanns in Königsberg.

Doerffer, Otto Wilhelm (1741–1811), Justizrat in Königsberg, Oheim und Erzieher Hoffmanns.

Doerffer, Johann Ludwig (1743–1803), Bruder des Otto Wilhelm Doerffer, Regierungsrat in Glogau, dann Obertribunalsrat in Berlin.

Doerffer, Wilhelmine (Minna) (1775–1853), Tochter von Johann Ludwig und Sophie Henriette Doerffer, mit Hoffmann von 1798 bis 1802 verlobt.

Dorow, Wilhelm (1790–1846), Diplomat, Hofrat und Sammler.

Dumas, Alexandre d. Ä. (1802–1870), französischer Schriftsteller.

Eunike, Johanna (1798-1856), Opernsängerin.

Fischer, Joseph (1780–1862), Opernsänger und Komponist.

Friedrich Wilhelm II. (1744–1797), war von 1786 bis zu seinem Tod König von Preußen, Markgraf von Brandenburg und Kurfürst des Heiligen Römischen Reiches. Auf dem preußischen Thron war er der Nachfolger Friedrichs des Großen, seines Onkels.

Friedrich Wilhelm III., (1770–1840), von 1797 bis zu seinem Tod König von Preußen und Kurfürst von Brandenburg.

Fouqué, Baronin Caroline de la Motte (1774–1831), Schriftstellerin, Gattin von Friedrich de la Motte Fouqué.

Fouqué, Baron Friedrich Heinrich Karl de la Motte (1777–1843), Dichter der Romantik, Übersetzer.

Goethe, August von (1789–1830), J. W. Goethes Sohn, Kammerrat in Weimar.

Goethe, Johann Wolfgang von (1749–1832), Dichter, mit Schiller, Herder und Wieland Vertreter der Weimarer Klassik.

Goethe, Ottilie von (1796–1872), Gattin von August Goethe.

Goldbeck und Reinhart, Heinrich Julius von (1733–1818), preußischer Großkanzler.

Graepel, Johann Gerhard (1780–1821), Bankier und Gatte von Julia Mark.

Gubitz, Friedrich Wilhelm (1786–1870), Dichter und Publizist.

Härtel, Gottfried (1763–1827), Verleger eines Musikverlages.

Hardenberg, Karl August von (1750–1822), preußischer Staatskanzler und Reformer.

Hardenberg, Lucie von (1776–1854), Tochter des Staatskanzlers Karl August von Hardenberg und Gattin von Hermann von Pückler-Muskau.

Hatt, Dorothea (Dora) (1766–1803), Hoffmanns Musikschülerin in Königsberg.

Hatt, Johannes (1747 bis nach 1820), Kaufmann in Königsberg, bis 1800 Ehemann der Dora Hatt.

Hatt, Amalie (* 1789) Tochter von Dorothea Hatt.

Heine, Heinrich (1797–1856), Dichter, Schriftsteller, Journalist.

Hippel, Theodor Gottlieb von (1741–1796), Stadtpräsident und Geheimer Kriegsrat in Königsberg, Schriftsteller.

Hippel, Theodor Gottlieb von (1775–1843), Neffe des gleichnamigen Onkels, Hoffmanns Jugendfreund, Jurist, Rat beim Staatskanzler Hardenberg, Vizepräsident, dann Chefpräsident der westpreußischen Regierung in Marienwerder.

Hitzig, Julius Eduard (ursprünglich Isaac Elias Itzig) (1780–1849), Jurist, Verleger, Schriftsteller und erster Hoffmann-Biograf.

Hitzig, Eugenie (1781–1814), Gattin von Julius Eduard Hitzig.

Hitzig, Clara (1812–1873), Tochter der Hitzigs.

Hitzig, Eugenie (1807–1843), Tochter der Hitzigs.

Hitzig, Friedrich (1811–1881), Sohn der Hitzigs, Architekt und Oberbaurat, Präsident der Akademie der Künste zu Berlin.

Hitzig, Marie (1809–1822), Tochter der Hitzigs.

Hoffmann, Cäcilia (1805–1807), Tochter Hoffmanns.

Hoffmann, Christoph Ludwig (1736–1797), Hoffmanns Vater, Hofgerichtsadvokat in Königsberg, dann Justizkommissar und Kriminalrat beim Hofgericht in Insterburg.

Hoffmann, Lovisa Albertina, geb. Doerffer (1748–1796), Mutter Hoffmanns, vermählt 1767 mit ihrem Vetter Christoph Ludwig Hoffmann, getrennt von ihm 1778.

Hoffmann, Johann Ludwig (1768 bis nach 1822), Bruder Hoffmanns.

Hoffmann, Marianna Thekla Michaelina (Michalina) geb. Rorer (1778–1858), Ehefrau Hoffmanns.

Holbein, Franz Ignaz von (1779–1855), Sänger, Schauspieler, Bühnendichter und Theaterdirektor.

Humboldt, Caroline von (1766–1829), Gattin Wilhelm Freiherr von Humboldts.

Horn, Franz (1781–1837), Schriftsteller und Literaturhistoriker.

Iffland, August Wilhelm (1759–1814), Schauspieler, Intendant und Dramatiker.

Jagwitz, Friedrich Gottlob (1752–1827), Oberamtsregierungsrat in Glogau.

Jahn, Friedrich Ludwig (1778–1852), Pädagoge, Publizist und Politiker.

Kalb, Charlotte von (1761–1843), Schriftstellerin.

Kalb, Eleonore von (1764–1831), Gattin des Sachsen-Weimarischen Kammerpräsidenten, später Kammerpräsident in Bamberg.

Kamptz, Karl Albert von (1769–1849), Direktor des Polizeiministeriums, später preußischer Justizminister.

Kant, Immanuel (1724–1804), Philosoph, Professor der Albertus-Universität Königsberg.

Karl XIV. (1763–1844), Jean-Baptiste Bernadotte, von 1818 bis 1844 als Karl XIV. Johann König von Schweden und als Karl III. Johann König von Norwegen.

Kauer, Anna Maria (Nanette) (1750–1836), Inhaberin des Gasthauses »Zur Rose« nebst Theatergebäude in Bamberg.

Kircheisen, Friedrich Leopold von (1749–1825), preußischer Justizminister.

Klingemann, August (1767–1831), Schriftsteller, Bühnendichter und Theaterdirektor.

Koreff, Johann Ferdinand (1783–1851), Arzt und Schriftsteller.

Kunz, Carl Friedrich (1785–1849), Kaufmann, Verleger, Leihbibliothekar, Publizist.

Lanzendorf, Helmine (um 1799–1843), später verheiratete von Blücher, Pflegetochter von Lucie von Hardenberg.

Lichtenau, Wilhelmine Gräfin von (geb. Enke) (1753–1820), Mätresse und später engste Vertraute Friedrich Wilhelms II.

Marcus, Adalbert Friedrich (1753–1816), Dr. med., Arzt und Medizinaldirektor in Bamberg.

Mark, Franziska (um 1770–1849), Witwe des Konsuls Philipp Mark, Mutter der Musikschülerin Julie Mark.

Mark, Julie (Julia) (1796–1865), Musikschülerin Hoffmanns.

Mendelssohn, Lea (1777–1842), Gattin des Bankiers Abraham Mendelssohn-Bartholdy.

Molinary(i), Aloys (auch Alexander) (1772–1831), deutscher Maler.

Montucci, Antonio (1762–1829), Sinologe.

Moretto, Professor.

Mozart, Wolfgang Amadeus (1756–1791), Musiker und Komponist.

Mozart, Franz Xaver (1791–1844), Sohn Wolfgang Amadeus Mozarts, Pianist und Komponist.

Müller, Hans von (1875–1944), Literaturhistoriker.

Neberich, Adam, Kaufmann und Weinreisender aus Mainz.

Oehlenschläger, Adam (1779–1850), dänischer Dichter.

Paul, Jean (eigentlich Johann Paul Friedrich Richter) (1763–1825), Schriftsteller.

Pückler-Muskau, Hermann Ludwig Heinrich von (1785–1871), Graf einer Freien Standesherrschaft, ab 1822 Fürst, Generalleutnant, Landschaftsarchitekt, Schriftsteller und Weltreisender.

Redwitz, Charlotte Freifrau von (1773–1833), Oberhofmeisterin der Kronprinzessin von Bayern.

Reimer, Georg Andreas (1776–1842), Verlagsbuchhändler in Berlin.

Rochlitz, Friedrich (1769–1842), Schriftsteller, Dichter, Übersetzer, Redakteur.

Schinkel, Karl Friedrich (1781–1841), preußischer Baubeamter, Baumeister, Architekt, Maler und Bühnenbildner.

Schuckmann, Kaspar Friedrich von (1755–1834), Minister des Innern, Minister der Polizei.

Schumann, Robert (1810–1856), Komponist und Musikkritiker.

Schütze, Stephan (1771–1839), Schriftsteller und Redakteur.

Seconda, Johann Christian Joseph (1761–1820), Schauspieler, Operndirektor in Dresden und Leipzig.

Speyer, Friedrich (1780–1839), Arzt und medizinischer Schriftsteller.

Tieck, Ludwig (1773–1853), Schriftsteller, Dichter, Herausgeber und Übersetzer.

Tschaikowski, Pjotr Iljitsch (1840–1893), russischer Komponist.

Unzelmann, Carl Wilhelm Ferdinand (1753–1832), Schauspieler, Sänger, Regisseur.

Varnhagen von Ense, Karl August (1785–1858), Schriftsteller und Diplomat.

Veith, Philipp (1793–1877), Maler, Dichter und Kunsttheoretiker.

Wagner, Friedrich (1770–1813), Polizeiaktuarius und Vater Richard Wagners.

Wagner, Richard (1813–1883), Komponist und Schriftsteller.

Warmuth, Kaspar (1759–1837), Hofmusiker in Bamberg.

Weber, Carl Maria von (1786–1826), Komponist, Dirigent und Pianist.

Werner, Friedrich Ludwig Zacharias (1786–1823), Dichter und Priester.

Werner, Louise Henriette (1730–1804), Mutter des Dichters Zacharias Werner.

Wilmans, Friedrich (1764–1830), Verlagsbuchhändler.

Zastrow, Wilhelm von (1769–1854), preußischer Generalmajor und Diplomat.

Lebenskünstler und Visionär

Dorothee Nolte | **Fürst Pückler**
128 Seiten | geb. | Buch 12,– €
ISBN 978-3-359-01196-5

»Wer mich ganz kennenlernen will, muss meinen Garten kennen, denn mein Garten ist mein Herz«, sagte Hermann von Pückler-Muskau. Ein Lebenskünstler, der »mutwillig und schwärmerisch, heute sinnlich, morgen innerlich« mit der Welt spielte und das »Spielwerk mit Leidenschaft« verfolgte. Der Nachwelt als der »grüne Fürst« und Begründer der Landschaftsarchitektur in Deutschland bekannt, sprachen die Zeitgenossen eher vom »tollen Pückler«. Er war visionärer Landschaftsgestalter, Weltreisender, Dandy, Playboy, Skandal- und Reiseschriftsteller, meistverkaufter Autor seiner Zeit, Verschwender und Pleitier, Abenteurer, begnadeter Gesellschafter, Gourmet, Ananaszüchter und Genießer (nicht Erfinder) des farbig geschichteten Eises, das als Pückler-Eis berühmt wurde.

www.eulenspiegel.com

Lebensbild einer Salonière

Dorothee Nolte | **Rahel Varnhagen – Ich liebe unendlich Gesellschaft** | 128 Seiten | geb. | Buch 12,– €
ISBN 978-3-359-03003-4

Rahel Varnhagens literarischer Salon war ein Zentrum der gelehrten und künstlerischen Welt. »Mit welcher Freiheit und Grazie wusste sie um sich her anzuregen, zu erhellen, zu erwärmen!« Zu den Gästen gehörten die Humboldt-Brüder, die Dichter Tieck, Jean Paul, Börne, der junge Heine, die Familie Mendelssohn Bartholdy, Fürst Pückler. Von den Aufklärern übernahm Rahel die Auffassung: »Auf das Selbstdenken kommt es an!« Gegen die Vorurteile der Standesgesellschaft gegenüber den Juden half das nicht, diesen Zwiespalt spürte Rahel zeitlebens, fühlte sich fremd und benachteiligt wegen ihrer Herkunft. In der geistvollen Atmosphäre ihres Salons, in der auch das neue, romantische Lebensgefühl Raum griff, schien der Zwiespalt überwindbar.

www.eulenspiegel.com

Eulenspiegel Verlag – eine Marke der
Eulenspiegel Verlagsgruppe Buchverlage

ISBN 978-3-359-03013-3

1. Auflage 2021
© Eulenspiegel Verlagsgruppe Buchverlage GmbH, Berlin
Alle Rechte der Verbreitung vorbehalten.
Ohne ausdrückliche Genehmigung des Verlages ist es nicht gestattet, dieses Werk oder Teile daraus auf fotomechanischem Weg zu vervielfältigen oder in Datenbanken aufzunehmen.

Umschlaggestaltung: Verlag, Karoline Grunske
unter Verwendung historischer Abbildungen aus dem Verlagsarchiv
Druck und Bindung: buchdruckerei.de, Berlin

www.eulenspiegel.com